解讀藏在手指的關鍵密碼

讓你成為更強大的自己

生命教練 張欣微 著

國際皮紋心理學權威

感動推薦

【生命教練──張欣微】傳承人代表

‧林仕乾／社會企業家、淡大講師

手指是身體非常敏感的部位，透過手指接觸外在世界，傳達至大腦觸動的感受，讓人體驗各種不同的生命經驗。本書不僅讓人見識到欣微導師的精準見解，更符合企業家在管理藝術、溝通協調與團隊共識中，可以號召大家支持與認可的精采主張。

極力推薦這一本好書給企業朋友們，在這一本容易解讀的書中，相信「您成為、您所想」，在面對各種狀況與挑戰時，不會無所適從，可以改變局勢，掌握關鍵時機。

‧溫心儀／前Canon訓練主管、經國學院講師

那陣子，頭痛要如何讓主管們快速發現部屬真正需求；很巧，在那時認識了國際皮紋心理學權威欣微導師，並邀至我們企業上課。老師生動的將其專業溶入內容，讓主管們在短時間內就可以理解部屬在想什麼，進而協助部屬發揮潛能及提昇效率。

在10多年的企訓生涯，遇到眾多講師，對講師授課的整體極挑剔，卻在遇到欣微導師後，被她紮實的內功、風采及人生經歷所折

服；也因如此，在人生的後半段決定跟隨老師。而今，聽到老師出書，終於讓我等到了，好期待！

・蕭詠恩／王朝大酒店人力資源經理

在飯店二十多年的人資生涯中，溝通是非常重要的一環，卻也曾讓我因眾多變因，進而對職場溝通感到無力。而自從向欣微導師學習皮紋溝通後，不管對上下或跨部門，甚至在和孩子溝通上都有明顯的改善。

特別是對於職業婦女的我，一直對於無法有充分時間給我的孩子而有所愧疚，好在有老師協助孩子在生涯評量上給予明確方向，讓他對未來不再迷惘！

・薛春華／校長、30多年教育管理

從事教育三十多年來，教育改革、實驗學校的發展，改變老師的教學策略，翻轉教育的論述如雨後春筍般延展開來。就究其實是教育內容架構的重建和實施，這些制式規範往往忽略孩子的個別差異性。

初次遇見欣微導師是在校長研習會上，聽著她從基因學和皮紋心理學深入探討孩子的個別差異，就被她的專業深深吸引。這本書融合了她多年諮商智慧，並以16種動物特性，活潑、生動的描述各種先天本質特點，相信可以讓更多人有更美好的學習人生和更精準的未來發展方向！

·柳春鴻/資深教師、25年教學工作者

　　一本好書就是良師益友；閱讀本書如同良師指引，認識人性的關鍵密碼，透過這些關鍵密碼，我們能夠迅速、準確、有效的了解自己，理解別人。

　　因為充分的自我認識，而能找出正確的方式和方向，來自我修練和發展。因為充分的認識他人，不但能採取適當的溝通策略，去維持和諧正向的人際關係；也因為充分的認識他人，更能選擇正確有效的方法，去帶領合作或教養的對象共同成長。學習認識人性的關鍵密碼，讓我們在充分有效的自我實現歷程中獲致幸福。

·張廷飛/阿里巴巴（中國）網路技術資深營銷專家、品牌營銷總監

　　「如果讓他們知道『你懂我』、相信你，他們就可能成為你的忠實客戶。」是欣微導師在我邁入品牌營銷界時跟我說的第一句話。我的工作一直是幫助人們從複雜資訊流尋到自己的方向，同步協同品牌商得以為世界創建更多價值。因此欣微老師20年的創業實績並融合基因心理之渾然天成，成了我最重要的顧問。她的營銷奇才，從她在教育界的跨域典範就不難看出。阿里巴巴落實的全域營銷關心的是人，其精髓也就在本書提及的本質中。如果你渴望成為夢想中的頂尖，那麼你應該立刻買下本書鑽研、帶在身邊。如果您想要人生更自由，我鄭重向您推薦這本書。

自序

又在相同的夢境裡清醒……夢裡面，清晰的看見一個流著口水、臉部表情癡呆的小女孩坐在一家米店前，毫無意識般地直視著路上往來的人車。這個女孩的臉龐長得是那麼清新，紮著分邊馬尾，圓圓臉蛋下的眼睛似乎還在閃爍著希望。

然後，不知道為什麼，這樣夢境帶來的感受不是平靜，而是極大的恐懼與不安，讓我經常在一種莫名的震動下，驚醒。隨著相同夢境出現的頻繁，愈益感受到那個表情癡呆的小女孩與自己似曾相識。夢中的她，似乎想掙脫掉些什麼，想跟我說些什麼。

終於，那麼一天，忍不住將夢境的狀態向母親分享。

想不到母親笑著告訴我：

「欣微，那個小女孩就是妳啊！那個時候，妳被醫生宣判一輩子都清醒不過來，媽媽只能放下工作，開店、陪妳。」

原來，在我完全沒有記憶的小時候，一場和其他孩子的追逐遊戲裡，我從樓梯摔下來、摔在堅硬光滑的石頭地板上，當時倒衝而下的重力加速度，不但頭紮紮實實的重撞，連淋巴

最多的下顎部位都割出傷口，甚至下巴部位掉下一塊肉，當場血是噴出來的，流不停、止不住，驚嚇現場所有的人。

緊急送醫，經過搶救後，醫生說：

「這個孩子醒過來的機率只有50％，就算醒來也可能是無法自理與思考的植物人。」

聽著母親現下緩緩道來的經過，真的好難想像她的堅強。我想當時的她一定焦急到不行、自責到不能，天天以淚洗面地不斷呼喚我，從不放棄我。

其實，從小我就是一個和一般孩子不太一樣的孩子，除了先天體質不好、心肺功能疲弱，還擁有一個特殊體質，總是容易看見別人看不到的第三空間，然後常常在夜半突然跑起來夢遊。父親和母親為了怕我傷害到自己，總是要不斷地設法給我一個安全空間，但是我總能突破他們所設的安全框架。

因為如此，母親常常很難睡上一次好覺，也必須養成一顆比他人還堅強的心智，才能在我一次次的磨心下，依然選擇不放棄我，戰勝生活中的現實挑戰。

我想，或許遺傳了母親堅實掌控自己心智的能力，這一次的重摔，在醫生口中不可能的奇蹟，全發生在我身上。不但拿下了那50％的繼續呼吸機會，還成了生命韌性

超強地、活過來的植物人。

　　唯一的後遺症，就是容易暈眩、經常內燒到無法思考，腦轉速較一般人慢、理解能力較一般人差。同時，聽自己聲音時會有干擾，無法聽到自己發出來的音準。所以，從小不但坐爸爸開的車會暈眩，甚至無法像一般人一樣的學習表達，對自己非常自卑。加上在說話時，會被同學嘲笑發音問題，人際關係的相處上，對我而言，真的好難。

　　甚至在上高中前被大人們貼上「自閉症」的標籤。

　　這樣的標籤讓我擁有一趟不同於他人的就學生涯，一種還沒認識自己之前，就被活生生解剖的內在對待，讓原本就不知道該如何和他人相處的我，更加封閉自己。

　　隨著高中考上外地學校，脫離那些曾經熟悉的人事物，面對全新的陌生，自己卻像長出羽翼的小鳥，可以自由地飛了。

　　這一飛，跳脫了許多體制內的框架，更在20歲的花樣年華投入創業之路。

　　那一年，踏上天時、踩著地利、結合人和，再加上自己長年被養成的韌性，沒有多久的時間，成立的管顧公司年營收已經突破千萬，更讓我賺取到人生的第一桶金。

20歲的女孩，保有一份夢幻般的期盼，選擇了有小溪湖畔相伴的市區住宅。

　　這棟大樓真的好美，尤其在夏天的夜晚，走到臥房旁的露天陽台，還可以看見小溪湖畔邊的美景，聽到許多孩子與蟲鳴相互間的伴奏。最喜歡在每個寧靜的夜晚，打開房間與陽台間的玻璃門，伴著這份幸福，帶著甜甜微笑，進入夢鄉。

　　那時天真的自己，一直以為這樣的幸福味道永遠不會變調。永遠想不到會有下一個生命的變化，永遠想不到下一刻的無常，離自己擁有的幸福，這麼近。

　　就在那麼一天，清晨時候，熟睡在一個人獨居臥室的自己，突然被人用很大的力量猛烈搖醒，意識還處在不清晰的混亂下，就看見一個裸身男子跨坐在我的身上。驚嚇之餘，才發現自己脖子上貼著一把冰冷的菜刀，那種驚恐的懼怕，順著動脈的急速跳動，完全無法理解怎麼回事。心裡唯一還尚存的意識就是……自己應該沒有明天了吧！

　　這是發生在自己生命中第一次有意識卻無能力控制的事件，接著下來，就只能任由歹徒在我的身體與生命裡，烙下一個很深、很深的傷痕。

　　永遠記得那一天，當歹徒得逞私慾、並搜刮房內財物後，帶著絲襪套、操著氣音，對著我說：「不准報警，不然我還會再回來。」

不知道當時的自己是被嚇呆掉，還是怎麼回事，下意識地打了電話給最親愛的母親，然後就看著氣極到自責無比的她趕了過來。看著泣不成聲的她，用顫抖的手替我報警，也看著員警極有效率的來到我面前。

　　直到今天，還記得和處理員警的對話。

　　「報案時，聽到的受害者是年輕女孩。嗯，是妳嗎？」

　　「是啊！」

　　「妳好像不需要看心理醫師?!」

　　「嗯，我不需要。但是我媽媽應該需要。」

　　母親崩潰般的淚水，每一滴似乎都打在我的心上，堅強的自己忘記身上的傷，也沒有注意到自己需要被療癒的心。

　　我擠出笑容，告訴母親：「媽，我很幸運，還有明天。」

　　就這樣，堅強又樂天的自己，逃離這個從小生長的熟悉都市，躲到一個沒人認識我的鄉下，準備簡單的過這一生，而且不再踏回……桃園。

　　然而，過度堅強的自己，原來不同於表面上大家所看到的樂天。那一天的驚恐畫面好像揮之不去的陰影，只要一個人單獨留在一個空間裡，就會害怕、就會緊繃到不行。恐懼到……只要看到陌生人都會感到心是絞亂的。

好在當時有一個很愛我的男朋友，不但接納這樣不完整的我，還積極的跟我求婚。很快地，我選擇了與他共築婚姻，並且迫切希望有個小生命可以陪伴自己，讓自己能夠遠離那份無形恐懼。

　　我想，上天是聽到我的渴盼，不但派了一個最美的天使到我的生命裡，還讓我在鄉下地方，擁有一個小小的天地，可以邊工作、邊陪伴這個天使長大。也因為如此，我開始能夠自在的接觸人群，為母則強的天性，更讓我有勇氣走出內心的某一個角落。

　　那個年代，城鄉間的生活條件差距非常明顯。在鄉下，可以選擇的少、誘惑就少，恰好對於期待就這樣過完封閉一生的我，像個與世無爭的天堂。不再進修，也不再拓展這一輩子的任何可能，選擇讓自己享受這樣平凡的簡單幸福。

　　沒想到，天賦早已被開發並喚醒的自己，就算被放在這個鄉下小天地裡，居然還是藏不住潛在的熱情。一個早就被育養好的態度與慣性，卻造就了我再造另一個在地的產業奇蹟。在這樣的正向能量灌注下，一點一滴、逐步找回某個遺失的自己。不過，潛意識還是懷疑……我真的回得去嗎？

　　就在這樣的矛盾狀態下，有一天，看到電視的專訪，

一位大師說：「人不要在30歲死掉，80歲被埋起來。」

聽到這句話，好像觸電一樣，心裡想：「是啊！自己才20多歲，就已經死掉了，難道不能再給自己機會嗎？」

這個時候，母親也不斷來鼓勵我說：「孩子，妳應該活在舞台上的，我知道妳行的，妳能活出妳自己，讓自己重新站起來。」

因為母親的這句話，我開始嘗試回到人際需要高度整合的生活圈。記得，剛開始要在陌生環境，接觸這麼多陌生人群的自己，好難適應，會恐慌、會焦慮，經常性的否定並懷疑自己。每每都要耗費大量心力，不斷與自己內在正向對話，協助自己能重新回到健康的人際關係裡。

好不容易稍微能適應高度人際交集的再生環境，卻面臨下一個挑戰——重回講台。

有時候，回想過去，都很佩服自己當時的勇敢與大膽。

在人際恐懼症還存在的階段，就因為母親的一句期待，離開逐步熟悉的門市工作，挑戰從來沒經驗過的人際通路，一個需要高度人際交流與智慧的工作。然後，看著組織不斷拓展，被迫要啟動學習團隊並跳回講台時，自己……卻退縮了。

儘管當時身邊家人不斷告訴我：「站在講台上，在這

麼多人的保護下，妳是安全的。」

　　儘管許多前輩告訴我：「上台是經驗累積的，多上台、就會逐步習慣。」

　　但是，沒有人真實經歷過我的故事，真實明白那份深藏在根底裡的無力感。上台做公眾演說，這對當時的我，真的、真的非常不容易。

　　每當夜深人靜時，總會不斷問自己、不斷激勵自己，明明那是我曾經熟悉的舞台，明明我已經成功克服自己的人際恐懼症，明明我有最愛的家人與團隊支持，為何這麼近的舞台，對我卻這麼遙遠？

　　「哪裡是妳的恐懼，哪裡就是妳的戰場。」

　　這是當時我所堅信的，也因為這份堅信，我開始對自己做深度療癒，不放棄自己，一定要讓自己能重回講台，去發揮屬於自己的天命。

　　我知道也明白，我面對到的不是講台技術與上台經驗積累，得與被隱藏的自己說哈囉，並把那個自己帶回心裡的家。於是就把自己在先天基因學上的研究，正式用在自己身上，並為自己量身訂做一套屬於啟動內在力量的訓練。在沒人引導下，只能透過堅定的心智力量，摸索著所有可能，不斷的碰撞、不斷的投資自己，就在否定與堅信可能間，收獲到了這份面對恐懼後的生命禮物。

　　最終，我不但成為一個可以在講台上游刃有餘、自在

亮麗的魅力型講師，更有能力帶領許多人往更渴望的自己邁進，讓富裕的自由充沛在更多生命裡。

那些年的我，落實地將「皮紋心理學」融會貫通，運用萬法唯心潛能，發揮在商業市場的經營上，29歲便擁有常人拚了一輩子的財富數字，還有和團隊一起奮鬥出來的不斷電印鈔系統。

原來，每一次的面對恐懼，都是為了要讓我們成為更完整的自己；原來，認識先天本質的自我制約，是轉化、再造的極限力量。感恩這一路如此豐盛的歷程，讓今天的我成為更多生命的祝福。

欣微相信：上天給了人最大的禮物就是自由。我們沒有被設定，我們沒有帶來任何藍圖，我們可以創造自己，變成一個覺知者或者一個機器人。

我們可以選擇用地獄的方式來使用這份全然的自由，也可以選擇用天堂的方式來讓自己在自由下，變成祝福、變成至高無上的快樂。

我想那一年連和陌生人說話都會害怕，還被貼上「人群恐懼症」的我，怎麼也想不到多年後的現在會是個擁有影響力的「講師」，甚至同步研發出無數套助人無限的教學系統；我想那一年說話都會被同學嘲笑，被貼上「自閉症」的我，怎麼也想不到未來的自己是個發音不準，卻擁

有感動力的生命分享者、夢想實踐家。

　　每當回到最初的那個夢裡，總忍不住想跟困在女孩裡的靈魂說：

　　　　「親愛的，妳是最棒、最好的，妳行的！因為你是上天最美好的作品。」

　　學齡前的重生，給了我一個堅韌心理，20歲侵害事件後的再生，讓我踏上教育訓練和協談輔導的工作。

　　回想這麼多年的助人工作裡，經常收到學員問我：「老師，我不知道自己的夢想是什麼，怎麼辦？」

　　其實，要確立自己的夢想，可以先從「找尋自我價值」開始。

　　「找尋自我價值」的關鍵在於：認識自己，接納自己，愛上自己。

　　可以問問自己：「我想成為什麼樣的人？」「什麼事能讓我充滿熱情？」「做什麼能讓我有持續的動力？」若能明確找到答案，則夢想自然成形。

　　自我探索的過程並不容易，然而有夢想的人生會讓我們踏實而喜樂，畢竟想自在享受生命，傾注自己的熱情絕對是必備條件。

　　然而，在我們身邊隨身可見許多人汲汲營營追求外在的肯定、羨慕他人生活，卻從未真正認識自己。其實起初每

個人被造都有美好的意義，如同電腦、樂器和杯盤，各有其不同的功能，不清楚正確使用方式，就無法發揮它的最大效益；認識自我本質的人，較易發揮內在潛力，找到生命的價值。唯有先認識自己，瞭解自己，才能做好自己！

最後，感謝自己的勇敢，不僅在家庭得扮演好四種不同的角色，更不設限地投入在商場與學術截然不同的社會定位中，深絮。因著「皮紋心理學」所蘊含的DNA智慧，讓生活與跨域所會面臨到的衝擊轉化為滋養能量。

深深相信：將知識透過生命實踐煉就出來的力量，才能改變生命。

「皮紋心理學」並不是「原來我是……所以我只能……」，而是「原來我不知道自己擁有這樣潛能，我該如何讓自己開發出來」，更是「原來我是……所以我可以如何讓自己活得更恢弘」。

因為，生命既非痛苦，亦非喜樂。它是一張空白的畫布，只有你能負責要畫上什麼，別人都無法為你負責。

這本書的出版是為了讓更多人因著了解自己，進而相信自己，相信這份自由，因為您是被祝福的，值得所有美好。

傳承人代表　感動推薦 …… 2
自序 …… 5

第一步

你的人生，走到哪裡？

還要繼續走下去嗎？ …… 20

為什麼就是走不到？ …… 25

改變，可能嗎？ …… 32

第二步

別人成功的路，是我的嗎？

中年失業危機，如何變契機？ …… 40

在迷路中，還能找到出路嗎？ …… 50

是什麼祕訣，用微笑走出自己路？ …… 57

第三步

自我發現，我與我？

混亂而不合邏輯的行為，真的錯嗎？ …… 68

指上的基因密碼藏些什麼？ …… 75

你成為你自己了嗎？ …… 83

後記　**天賦評量諮商個案小集**

16型天賦本質的奧祕 …… 138

幸福兩性故事 …… 142

幸福職場故事 …… 171

幸福親子故事 …… 182

目錄

Contents

第一步
你的人生，走到哪裡？

轉彎的路並不是路的終點……

除非你不肯轉彎。

——海倫・凱勒（美國教育家）

還要繼續走下去嗎？

人生旅程，有多少人為了尋求他人認同、社會肯定，蒙著眼睛在追求速度，卻不知道究竟要走往哪裡?!隨從的價值觀，讓我們對快樂的定義，是不自覺的透過跟別人比較而來，無時不在上演向外追逐的荒謬戲碼，惡性循環地困在盲從的混亂與痛苦中，活在別人的劇本裡。這樣的失控人生，讓我想起一個小故事。

在一片茂密的樹林裡，有一個人正在汗流浹背的努力鋸樹。

一天，某個路人經過，忍不住問：「你在做什麼呢？」

「你沒看見嗎？」疲憊的他用著極度不耐煩口氣回應：「我正在鋸這棵樹。」

「你鋸了多久時間啊？」路人關心地問著：「我看你已經用盡所有力氣，要不要休息一下？」

「我已經鋸了六個多鐘頭了，」他邊用手嘗試揮掉汗水邊說：「再累也得繼續搶時間。」

「可是我看你的鋸子已經鈍了，可以趁休息一下的時間，順便把鋸磨利啊！」路人繼續說：「這樣你也能鋸得更快些。」

「我忙到不行，哪裡有時間可以磨鋸子？!」他用斷定的口吻回答路人。

第一次聽到這個小故事時，手上正接到數個精神正瀕臨崩壞，繼而找不到出口的生命。他們卡在自己的關卡中，就如同這個鋸樹人一樣，花了比一般人還要多的時間與精神，重複繞在自己的盲點裡，卻似乎永遠走不到他們渴望要到達的地方。

「我知道這個婚姻完蛋了，沒想到我會變成今天這個樣子，我的家庭毀了、工作也毀了，真的不知道還要為了什麼活下去？」

和我說這段話的個案，是一個努力挽救婚姻關係長達六年的先生。

六年前，他的一段精神外遇讓妻子耿耿於懷，從此夫妻間的關係經常處在水深火熱中，爭執不斷的家庭氛圍影響了孩子，直到四年前孩子開始發生行為上的偏差，讓他開始反思並用心經營家庭關係。然而，這份用心並沒有真正化解掉妻子對他的猜疑，也沒有讓親子間緊繃的關係獲得緩解，反而變本加厲地發生磨擦與衝突，直到去年妻子正式與他提出離婚，他才發現妻子已經有了另一個心儀對象。

身為一家跨國企業高階管理者的他，幾乎無心公務，工作上的績效不斷下滑，在一次的管理會議上，忍受不了

主管的言語羞辱，就在去年冬天選擇吞藥自殺。好在被發現得早，緊急送醫，從此開始密集進出精神科的門診，得靠醫生開出的藥物，才能控制那份想結束生命的衝動。撿回生命後的這一年，和妻子達成共識，也更用心的呵護這份婚姻，什麼都以妻子的想法為主，將時間都投入在家庭裡，幾乎犧牲掉過往和朋友間的聚會，就連自己熱愛的球類運動都停了下來。然而，還是發現妻子的心不在自己身上，孩子的偏差行為日益嚴重。

「老師，為什麼我這麼用心也這麼努力了，婚姻及家庭關係就是走不回來呢？」

像這樣的案例，其實大有人在，我想到手邊的另一個陽光男孩——丹尼，他的故事看似不盡相同，然而卻是一樣在空虛枯竭中呼喊。

丹尼不是眾所矚目的明星，卻擁有天生的人際魅力。記得第一次和他見面是在精神科的病房裡，當時空氣中所散發出來的艱澀悶味在他的談笑風生中，變得不一樣。丹尼無視於我的訝異，開心地分享著住進來後的發現，雖然幽默風趣、聰明伶俐，眼神間依然藏不住那份困住自己的迷惘。從他的家人細述中，知道了小時候的他，好動活潑、天資聰穎，有種天生對生命的熱情投入，讓家人和朋友深深著迷，大家都認定他將來會成就非凡。然而現在的他失去了那道光芒，卻還是假裝世界就在他腳下，從他身

上可以感受到一種心死的狀態，或許是他意識到：這個世界已經遺棄他了。

在輔導他的過程裡，逐步聽著他支支吾吾的道出許多他的故事，原來他有個什麼都拿第一的父親，一路掌控著他的人生方向，從科系選擇、職涯規劃上都有父親的影子，直到他離開家鄉，擺脫掉這份多年約束後，到了可以自己掌握的世界，決定放鬆自己，暫時不再做那個父親眼中的完美孩子。丹尼雖然不喜歡這樣放蕩、沒有目標的人生，但是他以為只要玩夠了、時間到了，只要他願意，隨時都可以再回歸正常。

可是，他萬萬沒想到當一個人放棄某件事後，想要回頭並不是這麼容易，當他把某部分的自己遺忘在一旁時，他便開始往不同的位置去了。現在的他不論如何努力，似乎再也回不到最初充滿自信的那個他，同時他也發現自己讓身邊的每一個人失望，於是他就變得更加畏懼退縮，再也不願意試圖振作自己。

「老師，為什麼我這麼用心也這麼努力了，為什麼就是找不回最初的自己呢？」

這些年來在我的臨床個案裡，一個個像他們這樣比別人還要努力、還要用心，花上比他人還要多的力氣，甚至還有人用盡了一輩子的精神和時間，就是無法達成自己期待的故事，屢見不鮮、比比皆是。在面臨人生關卡時，就

如同故事中的鋸樹人，用忙碌麻痺自己，茫茫然的工作、茫茫然的生活，日復一日，沒多久就對人生產生了無樂趣的感覺。

其實，磨刀不誤砍柴功。如果這個鋸樹人能放下自己過往習慣的行為模式，就會發現自己一直以來的思緒盲點，就不會在連續工作六個多小時後，忙到「沒有時間」停下來把鋸磨快。一個人如果總是說著忙，但卻無法清楚自己到底在忙些什麼，一直沉浸在這樣的忙中，就容易因茫然而造成盲從，久而久之，就會如同「忙」這個字的字面意思一樣……「心死」了。

所以當鋸樹人渴望在有效時間內完成鋸樹的工作，他就必須明白，越忙，就越得隨時磨快鋸子。換個角度來思考我們的人生，是否也在忙碌的腳步下，活在過去的習慣裡，有多久忘了停下來為自己的「鋸子」磨快？有多久沒有更新自己，為自己增添生命蛻變所需的必備品呢？

為什麼就是走不到？

　　在我還來不及懂得「生命」的童年，一個伴我嬉戲的至親妹妹，在一個呼吸不過來的夜晚，就這樣去天堂旅行了。或許如此，在我童年時刻就經常思考什麼是活著的意義與價值?!直到了我走上諮商輔導的這條路。

　　這十五年來，我受邀至世界各地進行演講與授課，帶領人們啟動屬於自己與生俱來的天賦，讓更多人能在這一輩子找到自己的天命，活出生命的幸福本質。絕大多數向我尋求援助並能深層交集的人，都擁有非凡成就、能力出眾，然而他們雖然在生活中許多領域是他人的典範，卻在某些人生關卡有種被困住的感受。在這些讓他們無法全然接納的自己裡，帶著恐懼、責備或遲疑，通常來自他們的童年歷程，由上一代植入下一代，讓他們沒有選擇的餘地。許多人容易用放大鏡來檢視自己，對自己說些自輕的話，對身邊的人祭出打擊關係的語言，不自覺地被專橫的自我意識所驅使。

　　甚至還有部分的人發現自己只有在工作時才能接受自己，而且他們真的不懂如何生活，習慣經由工作和這個世界交往。他們在工作上所獲得的成就感，促使將自己過度埋首在工作中，滿足他們證明自己是有用之人。然而卻破

壞了健康，甚至忘了本來的樣貌，以及其他更有價值的事物。人生如果是趟邁向成功之路，那麼到底甚麼才是真正的成功呢？約翰·泰貝爾在《平衡生活的神奇》一書中提到以下這麼一段關於對成功人生的定義，值得讓我們來省思。

「在所有關於工作與健康的討論下，存在著『成功』的不實觀念，它像一股強大的暗流，也是我們的敵人。一個人雖然賺了很多錢，如果沒有時間及健康去享受的話，就不算是成功。在記錄上都是這種『成功人士』，他們一心一意追求目標，在四十幾歲或五十幾歲時達到目標，但卻死於心臟病，或是患了其它因為憂鬱、焦急及緊張而引起的疾病。」

這個對成功人生的定義，讓我想起一位搞笑天才、資深演員羅賓威廉斯（Robin Williams），一位帶給世界快樂，又看起來如此樂觀的人，究竟為什麼要自殺？原來在帶給我們歡樂背後，他深受憂鬱症所苦。憂鬱症真的是個沉默殺手，根據世界衛生組織過去統計顯示，全球約有3.5億人罹患憂鬱症，但很多人礙於各種原因，不願到醫院進行治療。因此大部分的人任由憂鬱、無助、孤立、寂寞……等感覺環繞，像陷入一個無底黑洞中，不斷被汲取自己身上一切的快樂來源。

其實，隨著現代生活節奏的加快，人們在心理上也承

受著越來越大的心理壓力。當有重大事件的發生或生活型態產生大變化，好比退休、升遷、失業、生理期、生育、結婚、事業的失敗，股票被套牢、親友去逝、疾病、新居落成、關係的衝突……等狀況，若找不到屬於自己的紓壓方式，就可能因過大的壓力而罹患憂鬱症。

然而也有如同羅賓威廉斯（Robin Williams）般，抗壓性超乎常人，個性開朗，卻事事要求完美，堅持自己要在人前表現出最光鮮亮麗的一面，這樣完美主義的個性也是引發憂鬱症的一個重要因素。

我們太習慣根據過往的「成功定義」來生活，然後在不知不覺中，認為以這些定義為依據來思考或者行動是理所當然的，所以很容易發生一種痛苦，就是被這些「成功定義」束縛。又或者有些人無法捨棄覺得一定要符合社會觀感的自己，導致越是想符合社會期待而努力，越會懷疑這真的是自己原本該走的路嗎？人的一生旅程，是在尋找自己的天命，然而卻在探索的路上被隨從俗世的聲音影響，進而迷失了自己，怎麼會快樂？怎麼能有健康的生活呢？

希臘有一句諺語：「不健康的生活不是真正的人生，而是沒有生命的人生。」

可見健康心理與成功人生之間的關係，密不可分。人生要更新，心靈就得隨時做清掃，畢竟在人生道路上，我

們無時無刻不斷在積累東西。這些東西包括我們的財富、地位、名譽、人際、親情、健康、知識，甚至這些東西也會夾帶給我們額外的挫折、悶煩、恐懼、沮喪、壓力……等等。有的早該丟棄卻未丟棄，有的早該儲存卻未儲存。

就好像我們的家，如果連續多年都沒有花時間淘汰一些不再需要的東西，那麼等到過年前的大掃除，一整理起來就可能讓自己累到連背脊都直不起來。人生又何嘗不是如此呢?!請停下腳步隨時問自己：我是不是每天忙忙碌碌，把自己弄得疲累不堪，以至於總是沒能好好靜下來，替自己做這份「心靈清掃」？

「心靈清掃」就好比一個企業的倉庫管理。如果沒有定期盤點庫存，就無法清楚知道倉庫內還有什麼，甚至某些貨品若不能限期銷售出去，很可能會造成積壓過多而拖垮整體，成了企業被迫結束、壓死駱駝的最後一根稻草。所以，「心靈清掃」就是人生要更新前的盤點工程，對那些會拖累你的東西，必須立刻放棄。就好像房子清掃過後煥然一新的感覺，會讓人有種舒暢的鮮味，釋放後的自在。

心靈清掃該多久做一次？該怎麼做呢？

每個人的人生關卡真的很不一樣，過往在其他方面成功的經驗與姿態，總可能在某一個人生道路轉折中失效。做一切事物都覺得無聊又乏味，然後只能眼睜睜看著原本

會帶給自己熱情的事情不斷在衰退，在工作或生活上的努力也沒有得到什麼好結果，只能用快樂假像去做暫時性的自我麻痺。換句話說，心靈垃圾就像個病毒一般，是會擴散、傳染，同時它並不是在特定時間才會出現，是日積月累的，是默默發酵的，所以心靈清掃就必須隨時進行。

　　至於心靈清掃的進行方式，在這麼多年的諮商工作中，發現每一個人的精神更新媒介不見得相同，有人透過靜坐可以感受到無限連結，有人沉浸在書香中可以感覺到充電滿滿，有人浸淫在音樂裡可以感受到活力無限，有人暢跑在跑道上聽到自己心臟的跳動聲進而歡呼，更有人在離開城市的吵雜喧鬧並與大自然聯繫時，能夠得到無以言喻的和諧。所以，不要侷限在別人的更新方式裡，先為自己探索出最適合的更新媒介，因為在這樣屬於你與自己的時間裡，世界會是鎮靜的，不會受到任何打擾，才能幫助你真正融於當下屬於自己的世界，與自己做更新的對話。

　　畢竟我們的這輩子是由許多歷程（就學、就業、創業、結婚、生子、離婚、換工作，甚至出國或退休……等等）組織而成，而每一次的歷程都可能會讓我們遇到各種轉折。有些時候儘管你已經做了準備，卻仍然可能面臨無法主導的窘境，迫使你不得不丟掉過去的自己，從混亂中重建生命平衡，把自己徹底清掃一遍，重新接納完整而全新的自己。

也就是因為清楚心靈清掃對生命更新的重要，所以這些年陸續在海內外開辦的工作坊，就是為了協助更多人啟動自我內裡的力量。我們每一個人就是一個世界，然而或許是人在天性上追求的安全感，所以大多數人總需要透過擁有多少，來證明自己存在的價值，甚至用它來取得某種程度的身分認同。如果又無法意識到這種隨從的慣性迷思，那麼終其一生都會在追求自我價值的完整感上尋覓，看不見被自己心智掩蓋的本質，其實一直都在自己的內在中。

　　一個人的內在力量一旦被開啟，不僅能加深自己在利他上的覺醒，也因為清楚了什麼是自己這輩子的天命，在這趟自我了悟的旅程中，就可以帶著無限喜悅的輕盈腳步，活出自己渴望的蛻變生命。

　　但是，有些時候我們明明知道自己的人生該走一條更新之路，卻會在前進的路上徘徊、恐懼，想過更新的生活，卻又害怕失敗，開始拿太忙、太累為藉口，阻礙自己的清掃工作，亦或是其他的顧忌與矛盾，擔心掃完之後，能面對未知的開始嗎？憂心現在丟棄的，會不會是將來需要的？最後，混沌到不確定自己真正要的是什麼？回到拖延的慣性，決定不再嘗試。

　　「心靈清掃」的確是人生中一趟充滿掙扎的更新工程，不過如果你真的渴望自己生命能活出蛻變的新故事，

那麼填塞的障礙越少，才越能啟動你過去所未知的潛能。只有一回的人生，不要等到臨死前才驚覺：「天啊！我的人生已經倒數完畢。」

　　隨時丟掉不需要的東西，事實上就是對自己的一種改變，而這個改變的歷程，就是更新。

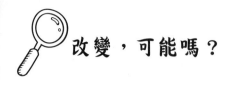

改變，可能嗎？

改變，真的容易嗎？其實，任何有意義的重大改變，都必須伴隨著相當長期的努力，大多數人不會、也不能持續做出這樣的努力。因為人是依賴舊習的動物，況且那些經驗、價值觀、想法、感覺、行為已經跟了一輩子，不管是好或壞，很難在短期內改變。對於每天做的事情，就交由習慣去處理，在潛意識支配的情況下，重複過去的行為，所以，在我們生活周遭較容易看見曇花一現般的努力，而少見時間累積而成的大改變。

在輔導的工作中，也容易發現許多人不敢擁有夢想，甚至從來不去想自己內心真正的想望。或者，明明口中或心中想做的很多，卻依然讓時間悄悄走過，消極以對，永遠都在想更新、訂計畫、說希望、就是無法落實執行。

有趣的是，社會主流價值很能接受這樣的狀況，人們喜歡快速、有趣、容易的事情，崇尚即時和時髦科技，甚至慣性拿行為上的「設限」與「拖延」，做為人際關係間的輕鬆氛圍，滿足於和內心相似的影子。

其實，想要活出更新的未來，想要讓自己的結果越變越好，往往要從自己的「行為」或者「認知」改變著手。

比方說一個人的生活習慣（例如：酗酒、吸毒、嗜

菸、貪嘴……等）影響了健康，就必須幫助他做行為改變，把他的舊惡習跟痛苦連在一起，而把他改變後的新行為和快樂連在一起；同樣地，如果一個人曾經有過不幸（例如：被虐待、被強暴、被拋棄、親人過世……等），導致他一直活在極度痛苦中，那麼就要協助他的認知改變。

什麼叫做認知上的改變？我用個一個典型案來舉例。

一對夫妻患難與共，相濡以沫，鶼鰈情深，為眾人所羨慕。然而在一次先生外地出差的時候，妻子卻意外在一場車禍中喪命。感到極端內疚和沮喪的先生，一直無法克服失去妻子的傷痛，極度抑鬱。

在透過諮商、釐清個案狀態後，明白他的真正痛點。我問他：「假如是您先去世，這個世界只剩下您的妻子一人，您覺得情況會是怎麼樣？」

個案思考了一下，回答：「她非常怕孤單，對她來說，是非常可怕的事，會很痛苦。」

接著，我順著個案的話說：「所以，您現在是讓她免於承受這種孤單，並為她攬下這份難以抵擋的痛楚，對不對？雖然我們都知道這樣痛苦不容易過，但是只要是為她好，您都會感到有意義，您說是嗎？」

個案聽了之後，默許的點了點頭，平靜從容地離開我的視線。

家人離世是一件無法改變的事實，唯一可以改變的，

只是活著的人對事件所下的認知。人，一旦發現痛苦背後所藏的正面意義，痛苦就不再是痛苦。

畢竟「逃離痛苦」和「追求快樂」是一個人面對改變的最大力量，也是人的天性。那麼，快樂的定義又是什麼？

西元1990年，加州大學聖地牙哥分校的David Phillips教授做了一個實驗，或許透過這個實驗，我們可以去認識什麼是快樂的本源。

這個實驗是調查傳統喜慶節日與年長華人女性死亡間的關係，研究發現患有重病的華人女性在傳統喜慶或重要節日（例如：中秋節、生日……）前死亡率驟降，節慶過後的死亡率就驟升，但其他族裔的女性是沒有發生這情況的。原來因為華人非常重視傳統節慶，尤其家中年長女性都擔任很重要的角色，要為團聚回來的一家人準備豐盛的晚餐，還要指揮女兒及媳婦，但是慶典一過，生活回歸正常，死亡率就增加。

如果給生命活下去的希望，就可以延遲死亡週期，那麼淺而易見的，希望就是生命的活水、快樂的本源。

其實，在這麼多年的輔導工作中，發現一個人最快樂的時刻絕對不是「甚麼都不用做，只要等領錢」、「錢會自己掉下來」、「生活沒有煩惱」，或者是「天天燈紅酒綠，盡情狂歡」。相反地，一個人最快樂的時刻往往是在

有一個非達到不可的希望，為了它，可以忍受所有艱難困苦，就算體力透盡、腦汁消耗，甚至弄到遍體鱗傷、身心俱疲，依然願意為這個希望前進的時刻。

所以，哲學家尼采說過這麼一句話：「當人發現了生存的理由時，他就有能力去承受所有的困苦！」

乍聽之下，給生命一個希望、一個理由，做起來似乎不難，然而事實是你為改變所做的努力，很容易被日常生活的慣性所超越。

要鞏固這個新的改變，讓一切趨於穩定，就不能只是從外在行為來做要求，而是要從內在思想來做徹底的翻轉。要改變自己，第一步必須改變在後天系統的信念，如果你希望能夠很快的改變，那麼第一個你必須具備的信念，就是「改變、馬上改變」。

「改變、馬上改變」真的有可能嗎？

許多人都知道公眾演講能夠擁有影響力及感染力，然而有些人在台下可以侃侃而談，但是只要一上臺、一拿麥克風，不僅說話結巴，甚至肢體僵硬到無法自在擺動，那種克服不了自己對上臺的莫名恐懼，成了他們最大的遺憾。當我告訴他們絕對可以快速改變，一週內就可以上臺拿麥克風做演講，大部分的人都用懷疑的眼光看著我，他們認為改變是不可能這麼快做到的，是需要很多次的練習及調整才可能辦到。

還有些人一直讓自己停留在情感的傷害裡，就是不願意走出來，甚至為了抓回原來的親密關係，不惜殘害自己的身體，讓身邊在乎他們的家人飽受驚嚇。當我告訴家屬可以快速改變，相似的懷疑眼光會再次出現，甚至告訴我：「如果可以立刻改變，不就代表本來就沒問題了？改變，怎麼可能是快速的?!」

　　然而，人們卻容易健忘，忘了既然我們能很快地製造問題，就絕對可以很快地找到答案。我們不能因為自己不敢提高賭注或做出重大承諾，習慣選擇觀望退縮，就如此設限。

　　一個人之所以無法快速改變的原因，就是受有限觀念的影響，給他們帶來很大的壓力。其實，「設限」是一種選擇，輔導這樣的個案，常聽到這樣的話：「張老師，我並沒有選擇去『設限』什麼，這就是我本來的樣子啊！」然而，卻從來沒有想過，在做自己的過程中，也做了很多的選擇。

　　人，唯有跳脫自己的眼光，真正看見事件發生的本質，才有機會再做出新的決定。然而，卻有些人覺察也看見了，知道該做新的決定，卻永遠在等最好的執行時機，他們從來沒有放棄，只是從來沒有開始。所以，要改變自己的第二個信念，就是要對改變自我負責。同時，還必須確信以下兩點：

1. 事情必須要改變，
同時我還必須去推動改變。

　　這裡指的改變是「必須」而不是「應該」，就拿減肥來說，為什麼有的人減肥很難成功？因為他們只是認為「該減肥了。」所以不管白天當著多少人面前下了承諾，然而當夜深人靜只有一個人的時候，還是會被自己的內在語言打敗，決定明天再減，也決定了他永遠都是胖子的命運。換句話說，惟有一件事被認為是「必須改變」，同時相信自己才是改變的主角時，我們才會真正去做，改變也才能夠持久，也才不會將責任怪到別的人、事、境上。

2. 必須知道我有能力改變成我所渴望的。

如果我們不相信自己做得到，就不可能竭盡所能地達成結果。若是你能擁有一位導師或生命教練來幫助你，定可收到事半功倍之效。有時改變不能單憑意志，因為那樣效果不能維持長久，然而不管你想怎麼改變，最後還是只有你自己才是推動的主力。

如果身體是我們內靈的外衣，那麼心像就是我們所執的生命之筆。不要懷疑你值得的那份精彩，因為我們值得擁有，因為我們是那麼獨一無二啊！改變做事的態度和方式，認清這份先決條件，就是自我進步的開始。聚焦盤點自己的人生，以及自己運用時間的方式，就能活出以蛻變為驅動力的人生。

第二步
別人成功的路，是我的嗎？

人們的沮喪，通常是因為無法做自己；而一個人最深沉的失落，則是選擇成為和自己完全不同的人。

——索倫・奧貝・齊克果（丹麥哲學家）

中年失業危機，如何變契機？

　　人到中年，應該是攀登事業高峰的時候，然而，近年來接到許多中年朋友來諮詢，因為兢兢業業走了多年的工作，迎接他們的，竟是一個茫然若失的未來！

　　他們在各自的職掌領域都有傑出成就，同樣擁有敦厚待人的個性，然而為了不讓自己以及他們的下一代，從中產階級淪落到社會底層，在每一次的競爭中，就是戴上面具、武裝自己。誰能想到，隱埋在「正常」表現之下的竟是脆弱不堪。

　　中年的現在，面對人生的未來茫然，有的人選擇停留在原有位置上苟延殘喘，但是已經沒有熱情、鬱鬱寡歡；有的人是連選擇機會都沒有，就被景氣無情的三振出局。

　　「老師，我不知道自己還能做些什麼、要什麼。」這是他們在諮詢過程裡，都會說出來的共同語言。

　　我問他們當年為何選現在走的這條路，想試圖協助他們走回最初的選擇動機，卻經常收到的答案是「因為讀這個科系，就走這條路」，或者「聽別人說這個工作的待遇很好、未來機會很大」。

　　可是，日復一日在一個沒有熱情、成就感不高的工作下，如果再加上人生其他層面也沒有所能滋養的成長元

素，就會感到「空」、「茫」，對自己開始產生懷疑，甚至到處聽別人的建議，把自己搞得像一個陀螺般，轉啊轉、忙啊忙，處處試機會，卻仍然找不到自己人生的終極目標。

這樣層出不窮的茫然生命，讓我想起《伊索寓言》中有一則關於鄉下老鼠和城市老鼠的故事，內容是這樣的……

城市老鼠和鄉下老鼠是好朋友。有一天，鄉下老鼠寫了一封信給城市老鼠，信上這麼寫著：「城市老鼠兄，有空請到我家玩，在這裡可享受鄉間美景和新鮮的空氣，過著天堂般的悠閒生活，不知意下如何？」城市老鼠接到信後，高興的不得了，立刻動身前往。

到那裡後，鄉下老鼠拿出很多大麥和小麥，要招待城市老鼠。城市老鼠不以為然的說：「你怎麼能夠過這種生活呢？住在這裡，除了不缺食物，什麼也沒有，還是到我家玩吧，我會好好招待你，讓你看看什麼才是真正的天堂生活。」鄉下老鼠於是就跟著城市老鼠進城去。

鄉下老鼠看到那麼豪華、乾淨的房子，非常羨慕。想到自己在鄉下從早到晚都在農田上，冬天還得在那寒冷的雪地上收集糧食，夏天更是累得滿身大汗，和城市老鼠比起來，自己實在太不幸了。

聊了一會兒，他們就爬到餐桌上開始享受美味的食物。突然，「砰」的一聲，門開了，有人走了進來。他們嚇了一跳，飛也似地躲進牆角的洞裡。

這一躲，讓鄉下老鼠嚇得忘了饑餓，想了一會兒，戴起帽子，對城市老鼠說：「鄉下平靜的生活，還是比較適合我。這裡雖然有豪華的房子和美味的食物，但每天都緊張兮兮的，倒不如回鄉下吃麥子來得快活。」說罷，鄉下老鼠就離開都市回鄉下去了。

在這則寓言故事裡，可以看到不同性格的老鼠，有著對天堂生活不同的定義。即使他們都曾對不同的世界感到好奇，但是最後仍然回到自己熟悉的環境。所以，一個人想要構築他的目標時，就要充分認識自己的性格，並且思慮自己過往的經驗與習慣。

你是什麼樣的人？你將何去何從？現在，就是你重估自己的時刻。

西方有一個醫療心理創傷新流派認為，我們每一個人都具有難以估計的巨大潛能，假如我們能及時發覺並能創造機會發展這些潛能，那麼人人都能擁有同愛因斯坦那樣的生命成就。然而，最大的遺憾是許多人做不到這一點，甚至從不準備認識自己、不瞭解自己，在面臨環境中的許多問題時，當然也不知道應該如何正確應付和處理，因而陷入失敗泥淖中。

　　就好比在選擇職業的時候，好高騖遠的脫離實際主觀去設計自己，或者趕時潮、跟著千軍萬馬擠上一條獨木橋，最後才發現始終沒有發掘並利用自己的特長，忙忙碌碌一輩子卻一事無成。因為就算工作內容與薪水剛開始能夠滿足你，但是不知道自己想從工作上獲得什麼，又把自己的生命精華投注在一個不明白要成就什麼的職涯裡，獲得到的只會是茫然的痛苦輪迴。

　　所以，進一步瞭解自己是非常重要的。唯有瞭解自己，才能在面對環境中的許多問題時，清楚該如何正確應付和處理。讓中年後的生命就算遇到茫然，也可以擁有一個新的抉擇、新的開始。以下提供幾點建議：

1. 努力根據自己的特長來設計自己、量力而為。

遺傳學家研究發現人的正常的、中等的智力由一對基因所決定。另外還有五對修飾基因決定著人的特殊天賦，影響著降低或升高智力的作用。換個角度來說，常人在某些特定的方面具有良好的天賦與資質。

所以，發現自己的先天天賦、盤點後天可用的資源，為自己量身打造。

因為如果你所從事的產業需要的本質和才能正是你所缺乏的，那麼你將會自我埋沒。所以不能坐等機會，要自己創造條件，認清自己的環境、才能、興趣、條件、素質等，確定前進的方向。

人生最大的驕傲，不在外來掌聲、名利或權勢。掌聲會停，名利和權勢也不過是過眼雲煙。倒不如把時間用在認識自己的潛能，對自己言行負責，並在設定方向後，不畏艱辛，靜心、不懈的去追尋。一旦真的找到了最讓自己靈動的天命，那刻的心靈震撼，絕對是人生至樂！

2. 你最可靠的指引牌，是聽你的內在，
盡你所能去用心生活。

　　你必須設定你對人生成功的標準定義。同時，明白什麼是你自我心像中的一種成功，什麼是能讓你真正打從內心喜樂無比的內在力量。

　　人，先天有一種依附天性，那是來自襁褓期的一種安全味道，延伸出來「向別人看齊」的被動情結，所以別人有，我也一定要有。這樣互相比較的愚蠢競爭，真不知道什麼時候才會結束？然而，我卻認為這樣的成功，實在是一種失敗，讓自己陷入心靈不需要的荒謬競爭中。因為，當你能澄清自己的思想和意願，那麼就會發現別人眼中的成功，在你的心像中，並不是成功，而是一種失敗。

3. 記得：你是有價值、 有能力、與眾不同的人。

我們每一個人具有不同的體型、外表與膚色，更擁有不同的氣質與天性，微細間的差異之處，使每一個人都不一樣。

然而卻有許多人將自己的與眾不同看成差人一等的原因，充滿了自卑感。嚴重的自卑不僅會讓我們拿自己和別人比較，更會扼殺一個人的天生才智，導致不敢做或者做起來縮手縮腳，阻擋了自己擁有幸福與成功的可能。

每個人在某些方面都會比別人要差一點。每一天，我們都可以遇見在某方面比我們要優異的人，但是，這又有什麼關係呢？上天使我們永遠不會和另一個人完全相同，使我們成為獨一無二的個人。

「你」就是「你」，身為人類，你並不和任何其他人互相競爭。

世界上至少有95％的人有自卑感。其實，你能成為人，那麼在精子和卵子相遇的那一刻，你就是天生贏家了。你不必拿自己和其他人比較來決定自己是否成功，應該是拿自己的成就和能力來決定自己是否成功。

所以，將自己的每一條優點都寫出來，經常看、背下它，將焦點集中在自己優點上，讓自己在心裡樹立信心。因為只有自信可以使你的能量改變，進而戰勝困境、結出豐碩果實。

4. 你心中酣睡的巨人
有能力把你的願望變成現實。

　　我們的大腦是上天送給我們最神奇的禮物。它每秒鐘可以處理三百億個指令，它的神經系統約含有二百八十億個神經元，每個神經元都很小，不但獨立作業還可以同時處理一百萬個指令。人腦之所以不同於電腦是，可以同時處理好幾件事。一個神經元把訊息傳給其他成千上萬的神經元只需百萬分之二十秒，速度之快，不到你眨眼的十分之一。它是這個地球最超級的「電腦」。

　　遺憾的是從來沒人指示我們看這部超級電腦的使用手冊，所以絕大部分的人不知道我們的行為都儲存在這個神經系統裡面形成許多神經鏈，若不把神經鏈的問題處理掉，所有的外在改變只會是曇花一現，無法持續。

　　所以，不是在你現有的狀態下再加上新奇的力量，而是如何將你現在所擁有的能力百分之百地活用發揮。就好比我們將糖放進一杯苦茶裡，然而如果不攪拌，那麼不論我們加了多少匙糖，這杯茶依舊苦澀。換個角度思考，我們現在所具有的能力價值若要完全發揮無遺，就得不停地攪拌你腦中的思考。

人，至少有一百四十六種類似的才能，而現存的考試制度卻只能發現不到30％，絕大部分的才能並未被我們挖掘出來。

其實，人各有所長，不一定別人走的路你也走得通，不一定別人走不通的路你就走不通。與其盲目的跟在別人後面跑，不如用心思索，你適合做什麼？什麼才是你始終沒有發掘出來的？該如何去創造屬於你的生命奇蹟？

人生最大的難題莫過於：知道自己！

雖然我們不會有用不到的人生經歷，每一刻的生命安排都是最美好的，但是如果不清楚自己到底要什麼，就只能循環相同的人生，無法在每一次經驗中去獲得。所以，一定要進一步瞭解自己，知道自己。

走到一半的人生茫然，是上天送我們再造可能的智慧，只要永遠保持年輕和活力的心，永遠用正向來解讀所有，接受自己，不妄想、不自戀。同時，從此刻開始，好好往內心探索、為自己深度盤點，永不逃避，就讓自己活出竭盡全力的人生故事。

在迷路中，還能找到出路嗎？

　　過年，對華人世界而言，是工作了一年，回到故鄉與家人團圓的重要日子。卻有這麼一年，在這樣的濃厚年味裡，揮別了兩個孩子，獨自踏上了澳洲諮商教學的遠程。不知道是不是因為從踏上布里斯本就被沒有停歇的工作淹沒，還是因為水土上的不適應，一個教學後的夜晚，突然感覺身體疲憊異常、暈眩發熱，心思細膩的學員知道大自然對我而言，有種無形的療癒力量，就提議帶我到庫薩山（Mt Coot-tha Lookout）去呼吸不一樣的空氣。

　　坦白說，她的提議讓我頓時從靈內歡喜起來，所以沒去思考到時間已經非常晚了，兩個女人就帶著朝聖般的雀躍心驅車前往。開了一段路後，才發現因為學員太久沒來又加上天色太暗，只好在空曠郊野尋求得以求助的管道。深夜開在不知前方是哪裡的山路，心中難免帶了點忐忑，所以當我們看見了遠端出現燈火通明的社區值班室，真的好想高聲狂謝。值班者告訴了我們一條最佳路線並且讓我們知道只要按照他說的，就確保能提早到達庫薩山的賞景區。然而當我們照著他的指點開車，卻發現越來越空曠，越來越遠，花了更長的時間抵達目的地——很顯然的是有人指錯了方向。

你的人生是不是也曾發生過相似的情況呢？走在一個陌生、孤獨的道路上，眼看前方越走越昏黯無光，心裡越焦慮、越惶恐。如果這條路讓你走到負債累累、灰心喪志，在事業、家庭及人際狀態都非常不理想，我知道這絕對不是你所願意的。或許正是有人為你指引了一條錯誤的路，對你起了消極影響而讓你心灰意冷。

然而，我們都知道身為人的最大恩典，就是能夠選擇。你能夠選擇讓別人為你指路，你也能夠選擇在前進的同時，不斷用羅盤校對、再次確認。畢竟無論你讓自己身處何境都是你的選擇啊！太多人習慣把失敗歸罪於時不我予，卻不願意做內心的省思。

這樣的個案來到我面前，希望我能改變他們些什麼?!我總會問：「你覺得是什麼因素，讓你這麼努力卻依然不成功呢？」往往得到的結論是「先天條件不好」或「後天資源有限」。就因為如此，許多人就理直氣壯地認為是老天爺的問題、是社會的問題、是別人的問題，內心消極的情緒讓自己選擇了失敗的宿命，他們總認為如果給他們足夠資源、豐沛的資金，就可以做得跟別人一樣好。

他們說的或許是事實，但是，他們本該積極地去為自己爭取這些足夠的資源。綜觀我們處的這個世代，景氣好，許多人能順勢而起，但是景氣不好，不也一樣有人能實現自己夢想，達到自己渴望的人生境界嗎？許多的成功

人士，甚至比我們起步的條件更糟，但是因著他們有成功的願望，所以他們成功了。

美國總統林肯先生說過：「一個人決定實現某種幸福，他就一定會得到這種幸福。」

換句話說，如果你知道自己有目標，並且能夠全心投入，所有機會都會蜂擁而至，並堅持不向惰性屈服，你的成功便指日可期。二次大戰期間，有一個猶太女人，關在不通音訊的集中營，受到慘無人道的虐待，德國兵動不動就把她打得血流滿面，她的孩子也被活生生摔死，丈夫被關在另一個集中營，未來一片晦暗。直到有一天，她看到一個女孩拿著一朵花走在集中營外面，她對自己說：「有朝一日，我也要拿著一朵花在外面世界走著。」就是這個小小心願，讓她重燃生命希望，終於在三年後，德國戰敗，離開集中營並跟她的丈夫團圓。

我們現在的生活比這位猶太女人優渥太多了，但是為什麼現代的人反而覺得心裡很空虛？覺得每天的生活只是一連串的呆板與無奈呢？甚至還有人始終念念不忘過去的失敗，總把自己不再前進的設限，怪罪在永遠不滅的過往，錯過許多生活樂趣。

那是因為找不到活著呼吸的意義與價值。一位美國心理學家發現一個有趣的現象，在老人療養院裡，每當節慶假日或重要日子，老人們會為自己下一個期許，再多過一

個紀念日、一個聖誕節、一個生日……等等，死亡率會戲劇化的降低，但是等這些日子一過，繼續活下去的意志變薄弱，死亡率就會升高了。

所以，一個人的生命之所以可貴，就在於明白它還有價值的事情要實現。

然而，現下大多數的人容易受他人影響，或是慣性對生活漠然，跟著茫然無目的人流，就這樣一天過著一天。這樣的人，事實上和將不成功的原因怪罪在條件不夠的人是一樣的，往往認為自己「能力不足」，必須仰賴別人才能存活在這個現實的世界。其實，能不能完成一件事、是不是能做出點成果，跟我們實際擁有的能力並無多大關係，而真正有關的是：我們對自己到底是怎麼個認定法？

就像我這幾年協助的幾個戒毒者，若他們真的有心戒除，那麼戒除後就真的不太可能再犯。但是倘若對自我價值下錯定義的對象，就算是被強制戒除，沒有多久他依然會再犯，因為他不願接受吸毒是下意識的決定，反倒推諉是無可自拔。其實一切決定都來自你下的定義，是自己讓自己重蹈吸毒的覆轍。

何以會這樣下錯定義呢？那是來自我們對改變潛藏的恐懼心。人對自己不熟悉的未來都會心存害怕，當他一覺得有任何不確定感，內心就會產生痛苦。更有意思的是我們對一件明明已經惡性循環的熟悉，就算痛苦，還能用

麻痺的藉口去忍受，卻很難拿出勇氣去面對陌生的事。不只是吸毒者面對戒毒的問題，甚至許多人在面對職場的茫然、面對婚姻的偽幸福上，也都有相似的恐懼改變心理。

從更深層的角度來思考，當你不清楚自己是甚麼樣的人，在面對問題時會做出甚麼決定？會如何建構出你的價值體系？會怎麼去斷定一件事或一個人的對、錯、好、壞？拿想戒毒的吸毒者來舉例，如果他認為自己就是這樣改不過來的吸毒者，就算他將自我認定改成「戒毒者」或「不再吸毒者」，也只能暫時治標，無濟於事。就像一個想要減肥的人，如果他認定自己就是一個「大胖子」，而努力的進行節食計畫，就算短時間真的讓他減掉一些體重，沒有多久又一定會恢復到先前的重量。

會有這樣剪不斷、理還亂的最重要關鍵，不是因為你想成為什麼人，而是你認為自己是什麼樣的人。對於大部分的人來說，要他改變某部分的行為並不是件多困難的事，然而要他改變自我認定就不簡單了，甚至會招來他的敵意。但是，我仍然相信你才是自己生命的主宰，如果你已經覺察這個慣性設限，也真的想讓自己這輩子真正活過，那麼就得不斷去拓展你的自我認定，不要讓貼在身上的標籤成為生命可能的限制，而讓它成為生命蛻變的起點。

生物學家沃森發表過一件不可思議的觀察研究，名為

「第一百隻猴子併發症」。事情發生在日本一個海島上，有一群猴子挖出從未吃過的甜薯，然而因為過去牠們到手的食物都是可以即食的，再加上這麼髒兮兮的甜薯過去都沒看過，所以不知道該如何處理。其中一個猴子突發奇想，將甜薯拿到溪水去清洗、食用，就把這樣清理方式告訴了自己群族裡的一百隻玩伴，然後就發生奇怪的事。其他不同群族、不同海島的猴子雖然沒有跟這些猴子接觸，竟然在差不多的時間跟著照樣做起來。彼此沒有接觸，同樣的行為模式卻散播出去。

其實已經有太多同「第一百隻猴子併發症」的相似例子，去證明個體之間從無接觸，但卻擁有相同行為，所以「集體意識」是真實存在的潛力量。當我們的信念、注意力甚至生理狀態瞄準我們所渴求的設定時，就得以開啟這樣的潛在意識。不過這樣的過程有個要點，就是要校對你的內心羅盤，否則心靈會自動扭曲或斷章取義，一個人的精力就會虛耗。

你該如何辨別一個新機會究竟是潛在的危機，還是一個值得追求的新可能呢？適不適合你？是不是你真心想要的？是不是此刻在你生命中最渴求的事呢？是不是符合你對自我以及你與生俱來的使命呢？有否違背了你所信仰的真理呢？

無論如何，你都有選擇的權利，一個人要讓自己的生命變得更完整，只有改變對自己的內在認知，才能真正敞開心胸、接受各種可能，不再錯過更新後的新生命。

是什麼祕訣，用微笑走出自己路？

在美洲有這麼一則流傳的寓言小故事：有一隻小猴子手上拿著一大把豆子，結果在走路的時候，不小心掉了一顆豆子，於是牠便把其它豆子都放在原地，然後回頭想要去尋找那顆不小心掉下來的豆子。最後，不但沒有找到牠想要尋回的豆子，就連牠先暫放在原地的其它豆子都被雞鴨給吃光了。

讀完這個故事後，你覺得那隻小猴子為了一顆豆子卻顧此失彼、因小失大，最後喪失了所有，這樣的作法是聰明還是愚笨呢？其實，我們不也像那隻小猴子一樣，在這趟無回的人生旅程中，緊握著自己所能擁有的一切，好比：財富、面子、聲望、權位、尊嚴、健康、學位、愛情……等，然後深怕這些屬於我們的豆子，不小心被偷了或遺失了；甚至，還有人會像小猴子的選擇一樣，為了一顆豆子（聲望、學位、愛情……）而放棄其它的價值，卻仍然覺得一切都是值得的。譬如有人為了愛情，可以拋棄一切，甚至連命都可以不要了，最終依然沒有得到他渴望的愛情，你覺得他的為愛執著是觸動人心的純粹，還是華麗泡沫被戳破的假像？

我想這一切的答案，一切的值不值得，都來自於一個人的價值觀，一個人對自我本質的認識。所以，想要擁有平衡的幸福人生，就得先認識什麼樣的先天本質主導著我們後天的選擇？什麼樣的核心價值能帶領我們走向豐沛而無悔的人生？

　　如果，價值觀能決定一個人的行為，並且造就這一生能活出的模樣，那麼，就讓我們透過一個歷史故事，更深層地認識「價值觀」是什麼？

　　陽虎的學生在天下為官的，比比皆是。可是有一次陽虎在衛國卻遭到官府通緝，他四處逃避，最後逃到北方的晉國，投奔到趙簡子門下。

　　見陽虎喪魂落魄的樣子，趙簡子問他說：「你怎麼變成這樣子呢？」

　　陽虎傷心地說：「從今以後，我發誓再也不培養人了。」

　　趙簡子問：「這是為什麼呢？」

　　陽虎懊喪地說：「許多年來，我辛辛苦苦地培養了那麼多人才，甚至在當朝大臣中，經我培養的人已超過半數；在地方官吏中，經我培養的人也超過半數；那些鎮守邊關的將士中，經我培養的同樣超過半數。可是沒想到，就是由我親手培養出來在朝廷做大臣的人，離間我和君王的關係；做地方官吏的，無中生有地在百姓中敗壞我的名

聲；更有甚者，那些領兵守境的，竟親自帶兵來追捕我。想起來真讓人寒心哪！」

趙簡子聽了，深有感觸。他對陽虎說：「只有品德好的人，才會知恩圖報；那些品德差的人，他們是不會這麼做的。你當初在培養他們的時候，沒有注意挑選品德好壞，才落得今天這個結果。比方說，如果栽培的是桃李，那麼，除了夏天可以在它的樹蔭下乘涼休息外，秋天還可以收穫那鮮美的果實；如果你種下的是蒺藜呢，不僅夏天乘不了涼，到秋天你也只能收到扎手的刺。在我看來，你所栽種的，都是些蒺藜呀！所以你應記住這個教訓，在培養人才之前就要對他們進行選擇，否則等到培養完了再去選擇，就已經晚了。」

陽虎聽了趙簡子一番話，點頭稱是。人的品德應該比才能更重要，因此應有選擇地培養人才，不可良莠不分，這對我們是很有啟發的。

歌德曾說：「世界上沒有任何東西比金錢更使人道德敗壞。」是啊！在追求成功、追求夢想的同時，最危險的是，一個人擁有不斷成長的豐富學識，卻缺少強而有力、有原則的人格。人們只注重表象的技術發展，而內在人格卻缺少相應的進步，也就不難理解，為何多數人把成功與金錢都畫上等號。財富高高在上的價值觀讓金錢凌駕於道德之上，「笑貧不笑娼」，就容易讓部分人看重利益價

值；世上凡事此消彼長，就會輕視道德良知。

執筆至此，就想起發生在西元1887年，美國南部一個小鎮的真實故事。

一天，60歲左右，儀表不凡的紳士伊曼紐爾‧尼戈先生在鎮上一家雜貨店裡買香煙，他遞給女店員一張20美元的鈔票並等待找零錢。女店員接過鈔票，低頭找零錢。突然，她無意中發現弄濕了的手上沾有鈔票上的顏料。她大腦一片空白，驚訝地停了下來。經過幾秒鐘的短暫思考，她認為做為她的老朋友、老鄰居、老顧客的伊曼紐爾‧尼戈先生一定不會給她一張假鈔。於是她如數找出零錢，尼戈接過錢離開了雜貨店。

過了幾天，那個店員還是有些懷疑那張鈔票的真偽，便把鈔票送到了警察局。畢竟，在100多年前的1887年，20美元不是一個小數目。警察局裡的一名員警堅持認為鈔票是真的，而另一名員警則對被沾掉的顏料痕跡大為懷疑。他們懷著好奇心與責任心，來到了尼戈先生的家裡。

意想不到的事發生了：他們竟然在尼戈家裡找到一架偽造鈔票的機器，還有一張正在製作的20美元假鈔！同時，他們也看到了尼戈已經繪製結束的三幅肖像畫。調查結果是這樣：尼戈先生是名傑出的畫家，他熟練地運用畫家的技巧，一筆一筆描繪了那些20美元假鈔。他的手法如此高超，以致幾乎騙過了所有的人，包括銀行裡的職員，

但最後卻不幸暴露在女店員的濕手上。尼戈很快被捕了。入獄後，他畫的三張肖像畫被拍賣了1.6萬美元，每幅畫均超過5,000美元。

讓人為之嘆息的是，尼戈幾乎花費相同的時間來畫一張20美元的假鈔和一幅價值超過5,000美元的肖像畫。不論從哪一個面向來看，這個才華非凡的天才就是一個竊賊，諷刺的是他從自己身上偷走的東西最多。畢加索說過：「準確地選擇，你的才華會得到更好的發揮。」沒有正確的價值觀，他的非凡才華只會成為其難以承受之重，加快他隕落的速度。

將心理致富學推到巔峰並著有《與成功有約》的作者史蒂芬·柯維指出：「追求樂趣而愧對良知的最後代價，在於損失時間、金錢和名譽，而且也讓他人心靈受到傷害。背離自然法則卻缺乏自知之明，是很危險的。良知是真理與原則的儲藏所，也是自然法則的內在監視器。」

所以，我常常在演講時說：「家長送給子女最美好的禮物，不是送他進入名校或出國念書而已，而是協助孩子建構優質的價值觀。」因為一個人擁有優質的價值觀，就會變得容易自省、反思，同時在這樣狀況下所帶來的自律，會隨時精進自我並且樂在追求卓越的每個當下。就算在生命中出現任何誘惑，也會不偏不倚走在正路中，還能成為他人生命中的正能量發電機。

既然優質的核心價值才能帶領我們走向豐沛而無悔的人生，那麼為什麼這20來年，不論從企業培訓、社會團體或學校組織都有單位發展了相關的建構教育，也推行了這麼多年，我們卻依然看到良心麻痺下的道德損害？製造有害食品的、製造假藥的……不勝枚舉，可謂罄竹難書。到底還有什麼關鍵是我們過往沒有掌握到的呢？

　　為了尋找這份生命智慧，這些年來就算一天被數個諮商案或訓練淹沒，就算已經到了自己心力上的能量極限，依然堅持在第一線的教學研發、專業人力養成的工作外，籌辦多個共學社群，擠出已經不能再擠的時間，奔走在過去從沒碰觸過的世界。每個「今天」對我而言，就是生命的戰鬥營。

　　或許是這樣的勇敢、這樣對生命的好奇，走在深層讀人的實踐路上，深刻感受萬流歸宗的生命心法，終於明白：企業管理、家庭管理、個人管理……皆是如此。同時也深深發現通往全人美好的捷徑，其實就在生兒育女的親歷過程裡，這是生命中任何經驗都超越不過的力量。如果你要學習負起完全的責任，如果你要學習如何去給予自己或他人最深的愛和關懷，那你就應該生小孩。愛孩子是父母的天性，從天性而發，就能去覺察、去啟發、去尋覓這份潛藏智慧的寶藏！

　　談到父母親這個職業，就想起了一段人類與上帝對話的經典故事。

　　人類問上帝：「是誰發明父母這種職業？他們需要有非凡的耐心、愛心和責任心，充足的體力和忍耐力，還要有良好的管理、協調、傾聽，以及理解能力。而且每週工作七天，每天二十四小時隨時待命，不但沒有薪酬，愛心還經常被踐踏，工作時間少則十八年，多則三十、五十年不等，真是辛苦。」

　　上帝說：「可據我所知，這是你們認為最幸福的職業呀！為了犒勞為人父母的你，我有一款最新的奔騰五八六電腦想送給你，你要嗎？」

　　人類哈哈大笑：「謝謝你的好意，不過地球都到廿一世紀了，電腦已經升級到四核心了，奔騰五八六早就淘汰掉了。」

　　「哦，科技發展挺快的。」上帝說。

　　人類得意的說：「那當然，我們的生活都更新很快的。」

　　上帝說：「是嗎？那為什麼很多父母在教養孩子的時候，都直接把上一輩裝在他們身上的教養系統，又回裝到孩子身上呢？難道你們的教養系統不用升級，不用適應時代的發展嗎？」

人類支吾著：「這個……說的也是，但我們從來沒有學過怎麼升級教養系統啊！」

上帝說：「想學，自然就會有辦法的，不過你們都太忙了，只有等問題找上門，你們才會去想。」

這段對話，太經典啦！現在許多家長嘴裡說重視孩子的教養和品行，但全把孩子往英文班和補習班送，最重視的還是成績；渴望孩子擁有自主學習的價值觀，自己卻連投資時間和金錢在自我成長上都嫌奢侈。然而，生命是流動的，我們無法把我們沒有的給出去，生命不會聽我們所說的，會看我們所做的。

既然價值觀決定我們的行為，那麼該如何改變價值觀呢？

近幾年來，行為心理學讓我們明白如何有效的、有方法的應用大腦來影響我們的思考、語言及行為，為我們有系統地呈現出邁向成功的精髓。讓我們知道若想改變人生，就要重新定義自己的認知，就跟改變電腦功能頗為相似，當你改變電腦的作業系統後，那麼當電腦重啟，螢幕所出現的資料就會跟先前所呈現的不同。同樣的道理，若是你能改變自己的主宰系統，那麼就會對周圍環境產生與先前截然不同的認知。

然而，一個人要重新定義自己的認知，並不是一件容易的工程，需要非常強大的心智掌控力，才能夠將已知的

觀念，轉化成深信不疑的信念。所以，近10來年雖然行為心理學幫助了部分的人自我突破、提升個人成就，但是大部分的人卻無法享受這份心想事成的秘密。換句話說，傳統透過語言或文字去做大腦神經系統的訊息重組，會受執行人的視野與認知影響，自由心證過高，改變就會變得很有限。

要改變存在已久的舊有主宰系統，必須擺脫自己慣性在認知上的狹隘，瞭解來自遺傳基因上的先天本質，才能讓我們很快地明白何以自己會有那樣的感受、那樣的想法及那樣的行為。

每個人與生俱來就不一樣，就算渴望達成的夢想是相似的，亦或面對的困難看似雷同，然而主宰彼此系統的運作方法卻不盡相同，唯有因材施教、因質施策，才不會浪費精神和體力於表像上而徒勞無功。

所以，先瞭解什麼是你被制約的先天本質，才能精準地設計這份主導後天選擇的主宰系統。

第三步
自我發現，我與我？

丹麥哲學家齊克果說過：「人們的沮喪，通常是因為無法做自己；而一個人最深沉的失落，則是選擇成為和自己完全不同的人。」

混亂而不合邏輯的行為，真的錯嗎？

　　心理學有一個著名的玻璃瓶實驗，是來自美國卡爾韋克教授所做的實驗。他把蜜蜂與蒼蠅分別放在兩個玻璃瓶中，然後他將瓶子橫放，瓶底的部分朝向窗戶有光的地方，而瓶口則可讓這些昆蟲自由出入。

　　結果他發現一個很奇怪的現像，那就是蒼蠅因為橫衝直撞，不到兩分鐘都朝向黑暗處的出口逃逸一空，而蜜蜂因為執著於對光的嚮往，不斷往瓶底那道玻璃之牆衝撞，最後居然都死在瓶子裡。

　　蜜蜂的智商比蒼蠅高，但正由於牠們的高智商，牠們便較能以邏輯思維來解決問題：逃生出口必然在光線最光亮的地方。加上牠們對應以往的成功經驗，智力愈高，就愈被邏輯所侷限住。而那些愚蠢的蒼蠅則對事物的規則與邏輯毫不在意，所以在牠們的思維：亮光並不等於逃生出口，所以就四下亂飛，結果讓牠們誤打誤撞地飛出玻璃瓶。

　　最後，卡爾教授提出的結論是——「我們人活在一個這麼複雜的世界，大部分的事是不可理解的，我們以為理解的也只是以人為的方式硬把詮釋加在現象上面，因此要快速找到解決的方法，在一個不斷變化的世界裡生存，混

亂大膽的行動會比合理的不作為、不改變更有用。」

　　每每看到這個玻璃瓶實驗，就想起自己和皮紋心理學的淵源，也是在理解的邏輯裡不斷撞牆，就是找不到出口，直到打破自己的框架，深研了皮紋心理學、才走出一條新路。

　　十六年前，那個時候肚子懷著小兒子，而伴在身邊的大兒子，已經是個生活常規不需要我花心思的二歲寶寶，從他的語言與認知發展狀態來看，早已超越同齡寶寶該具備的能力，什麼都好奇、什麼都充滿著期待的新鮮感。

　　那時的我不僅專研各個心理學派，更將學術理論融合在當時領導的組織管理中，在商業市場上所獲得的卓越成績，讓我更加篤定人定勝天。跟著企業的經營方針，應用「物競天擇、適者生存」來篩選菁英團隊，就算當時已經接觸皮紋心理學，並且也明白每個人來自先天上的不同，卻依然遷就普眾心理、選擇了簡單事情重複做的成功心法。

　　再加上皮紋心理學某些基礎和專研的理論心理學有認知上的衝突，同時傳遞給我相關資訊的朋友在分析我的本質時，用字遣詞的表述過於淺層、幾乎都在繞圈子，更遑論轉化我的疑惑，於是就將這個學派擱置在旁。直到小兒子早產一個月來到這個世界，才真正領悟到什麼叫人算不如天算。

一出生就和足月生產的大兒子體重一樣，四千多公克，而且還挑在同月同日急著來報到，也不知道是不是這份提昇所造成的生產壓迫，失血過多的我被迫隔離急救，直到能夠清醒並看到小兒子時，已經是多天後的事，他也和我一樣被VIP般的隔離保護著。

　　這兩個孩子雖然只差兩歲，但是卻擁有非常明顯的不一樣，一個情緒很容易轉化，一個卻容易陷入情緒空洞裡。尤其在小兒子出生後的一年多，才發現他的語言與認知發展比同齡孩子緩慢許多；聽而不聞、反抗學習，甚至不顧危險、對周遭發生一切不在乎。那時讓我最挫敗的就是白天在工作上能夠幫助許多人，但是晚上回到家卻無法和小兒子對話，他似乎就活在自己的世界裡，一個我到不了的世界。

　　我明白我得趕緊趁還可以調整的黃金時期，幫他找到能夠對接這個美麗世界的管道。為此，我開始大量蒐集並鑽研兒童心理相關領域，更和小兒子一起成為勇敢的白老鼠，穿梭在所有專家治療裡。然而隨著時間過去，孩子的狀況依舊，沒有任何進展，反而逐漸失去自信。身為母親的我，看在眼裡、痛在心裡，就在這個時候，我突然想起兩年前接觸的皮紋心理學。既然傳統的面對面診療打不進孩子築起來的高牆，那麼或許該給自己機會深入瞭解透過染色體基因所調控的皮紋心理，或許它會是讓我明白該如

何進入小兒子世界的關鍵。

　　對於一個為了要幫助自己孩子而埋首鑽研的母親，那份力量與融會是不同的，是來自天性、來自最真的愛。再加上過往在諮商工作上的經驗，我終於找到適合打開小兒子心門的金鑰匙，也才深深明白這個小兒子和我及大兒子間的先天差異。因為更懂他，才瞭解該如何用他需要的方式，來陪同、來開發屬於他得天獨厚的天賦，讓孩子在最能持續的快樂中，燃起對自己的相信，進而產生行為改變。

　　小兒子由被動到主動的生命改變，給我好大的震撼，過去的我們都在一貫性的學習環境中成長，我們怕和其他人不一樣、我們怕犯錯，在只要標準答案的現實競爭裡，所謂的因材施教，也只是課本頁面上的文字。如果不是透過皮紋心理的修練，真的不知道自己還要繞多大的圈，才能真正先懂孩子、再懂教；畢竟，我們一直以來所受的教育，讓我們太習慣用熟悉且安全的舊方式來做評估，甚至連我們對成功的模式都有一定主觀性，就拿以下故事來做舉例。

　　曾經有一個一貧如洗的希臘人，到雅典的一家銀行去求職，想要應徵門房。

　　「會寫字嗎？」勞工部的頭兒問道。

　　「我只會寫自己的名字。」這傢夥回答。

他自然得不到這份工作——於是他就借了一筆路費做統艙來到美國。

許多年以後，一位重要的希臘鉅商在他位於華爾街的漂亮辦公室裡舉行記者招待會。快結束時，一位記者忍不住說：「你應該把回憶錄寫出來。」

那位先生笑了笑。「不行啊，」他說：「我不會寫字。」

記者大吃一驚。「天哪，」他感嘆道：「要是你會寫字的話，成就絕對更高，想想你會比現在還要成功不知多少倍！」

這位希臘鉅商搖搖頭說：「要是我會寫字的話，我就會一直給人家看大門了。」

在這個小故事裡，記者的認知是常態邏輯，然而，這位希臘鉅商卻跳出這個框架；我想如果當年他因為應徵不上門房而立志練字，那麼多年後，他真的就只是幫別人看門的門房。這也就說明了為什麼每個人都擁有潛能，但是人與人之間卻有許多能力上的差異，關鍵就在於隱藏在內部的能力是否被善加利用之故。如果用適合小兒子的教養策略，可以改變我孩子的一生，那麼我正在領導的團隊夥伴呢？是不是也可以把因材施教的領導策略用在他們身上？是不是可以協助他們將潛能正確引導出來呢？

我開始在組織團隊中做一系列的改造計畫，放下自

己後天的主觀以及過往成功的方式，透過先天本質學去重新認識直帶的主管與夥伴，明白他們易被制約的核心價值後，也用新的眼光去盤點他們所有未開發資源，設計出一套量身型態的培訓模式。結果，努力五年卻一直未果的目標，讓自己在這一年達標，同時還成為第一個20多歲就能達到這個夢想位置的首驅之人。

我總相信成熟的人生，存在於不斷追求中。如果你以為經過努力，在某一天就會得到那個夢寐以求的「成熟之果」，此後就高枕無憂，慢慢地品嘗和享用它，那實在是一種誤會。成熟者的特徵只存在於不斷地發展自己，不斷地豐富自己，不斷求取新知、思考新問題，不斷超越自己，不斷給自己樹立新的目標。

我們現在能到的位置、擁有的處境，不都是自己的選擇嗎？

二十世紀初，有個愛爾蘭家庭要移民到美洲，但是他們非常窮苦，辛勤工作多年才存下一筆能去美洲的船票錢；所以，他們怕船上的餐費太貴，用了僅存的錢、買了少量麵包及餅乾帶到船上吃。

當他們被帶到甲板下睡覺的地方時，全家人都以為整個旅程中都得待在甲板下，而他們也確實這樣做，肚子餓了就吃自己帶來的食物。

一天又一天，他們就聞著甲板上飄來濃鬱的美食香，

看著頭等艙的旅客吃著奢華大餐。直到船快要停靠愛麗絲島的時候，這家其中一個孩子生病了，做父親的才找服務員問說：「先生，求求你，我們的孩子餓到病了，可不可以分一點剩菜剩飯給我的孩子吃呢？」

服務員納悶地回應：「為什麼要分剩菜剩飯呢？這些餐點你們也可以吃啊！」

「真的？」這人再說：「你的意思是說，整個航程在船上的所有食物，我們都能吃？」

「沒錯啊！」服務員以驚訝的口吻說：「這些餐點也供應給你和你的家人，你的船票只是決定你睡覺的地方，並沒有限制或決定你用餐的地點。」

其實，很多人的一生也有相同的狀況，他們以為他們「被帶去看」的地方，就是他們一輩子必須待的地方，他們不明白，他們其實可以和其他人一樣，享受許多同樣的權利。然而，權利是給知道的人去享受的，要克服自己長久以來不自覺被灌輸的「思想垃圾」，只有抽離自己的已知，從另一個新的角度、新的觀點去看自己，才可能「重獲新生」。

我們的過去，到底被什麼樣的後天認知所主導著？而皮紋心理又在這期間扮演甚麼樣的制約角色？改變，就從明白的這一刻開始，只有認識了這個潛藏的基因密碼，才能為燦爛的明天打下更新的永續基礎。

指上的基因密碼藏些什麼？

在上古時代，中國、日本、印度、土耳其、埃及等國，都有用指紋代替簽字蓋章，做為有力的證據；雖然人們注意並使用指紋很早就開始了，卻僅是存留指紋印象做為憑據而用。開始明白指紋的特性並用科學方法來做深度研究，卻是距今約二百年前的事情。

最早有留下記錄的是德國佈來斯羅大學生理學教授普魯金博士，他將指紋分成九種，同時闡述各人指紋全不相同，並在西元一八二三年於他的著作《觸官後皮膚組織之生理學上研究》發表出來；從此以後，就有許多西方學者對於指紋詳加研究，逐漸發展出現在能做為科學的個人辨別法。

在指紋的科學發展歷史中，雖然前撲後繼的研究學者很多，然而還有一位於西元一八九一年發表「指紋索隱法」的英國嘉爾通氏，在其完成所有的實驗後，更證明了指頭的隆線，以不受傷為限，終身不變；也因為這份證明更加快指紋科學的發展與使用，並在西元一九六七年九月英國倫敦舉行了國際皮紋學研究會議，確定了分類法，將指紋分成三大類十一種基本類型。

指紋形狀與DNA有關，卻無法通過DNA分析重建指紋紋樣，由血管神經系統所形成、受染色體基因所調控，深深地影響我們的先天傾向、與生俱來的本質。透過指紋認識存在自己基因密碼下的金鑰匙，將會為你在探索自身奧妙上，打開這一生屬於你的隱藏門；掌握了自身獨特的資質和差異，便能讓自己和他人不再「盲動」，寫下你所渴望的故事。

現在請跟著書中引導，認識你的先天本質，然後精準為自己設計這份主導後天選擇的主宰系統。

首先，看看你手上的指紋類型，在先天本質分類裡的四大型態裡屬於哪種？

1. 內斂型態（代碼：A）

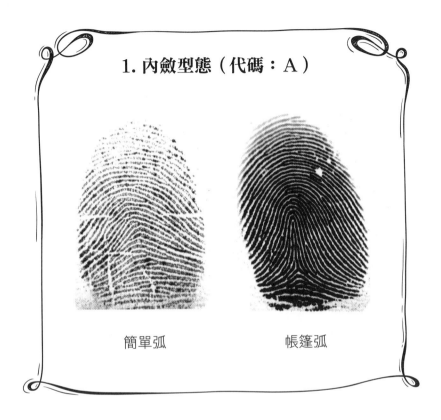

簡單弧　　　　　　　帳篷弧

紋型解讀

內斂型態是由弧形的紋形組成，是一個誠實可靠、保守務實而沉默寡言者，但是有世俗的傾向和缺乏自發性。

容易不信任自己、懷疑自己的行動和智慧，隨著再三的憂慮來避免錯誤的產生，也因年齡增長而變成更內省。

2. 溫和型態（代碼：U）

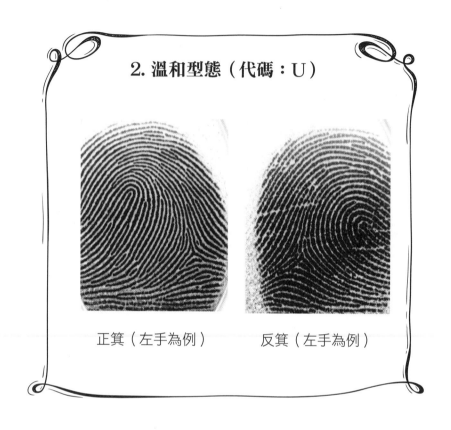

正箕（左手為例）　　　　反箕（左手為例）

紋型解讀

溫和型態由箕形的紋形組成，較經常顯示出一個優美、能適應的人生前景，以及有一個敏捷和彈性的頭腦。

正箕紋開口向拇指方向，反箕紋開口向小指方向；反箕紋較經常會出現在食指及拇指上、其它指則很少見到。

3. 掌控型態（代碼：W）

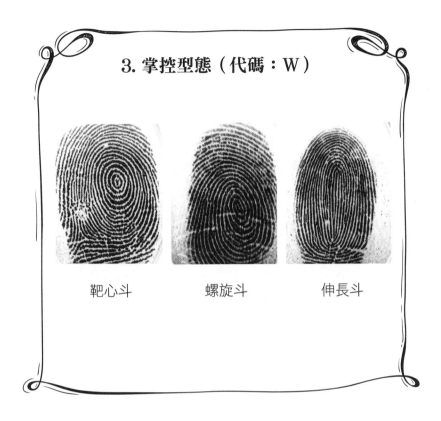

靶心斗　　　　　螺旋斗　　　　　伸長斗

紋型解讀

掌控型態是由單斗的紋形組成，這個紋型具有個性、獨立、果斷和不受傳統習俗的約束或反對，而影響其創造力等特性。

它的獨創特性是會全力投入其對品質要求的挑剔與傲慢，所以有時會被認為是一個固執的標記，常常發現在無名指、拇指和食指。

4. 多元型態（代號：WC）

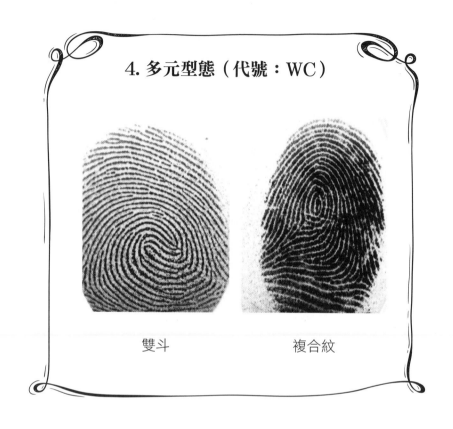

雙斗　　　　　　　　複合紋

紋型解讀

多元類型分別是由雙斗與複合紋的紋形組成。

雙斗紋形的人會受搖擺、猶豫不決而苦惱，具有雙倍思索的能力。

複合紋形結合了選擇性的魅力與洞察力，是具有非常珍貴及很強的創造力訊號。

英國倫敦舉行的國際皮紋學研究會議所公告的十一種類型裡，還有二種未在本書呈現的屬變形紋類，因其鮮少出現，故在先天本質的分類裡，是為無法有效分析之類型，故不歸類在其中。

認識了這九種類型的指紋後，看看在你的雙手大拇指與食指上分別出現哪一種類型?!因為這四個指頭的類型交叉對應後，就是影響我們在皮紋心理甚巨的關鍵。

然而，指頭上的指紋交叉比對的複雜度是很可觀的，又加上指紋類型在近代的研究中增加了十種（目前統計共有二十一種指紋類型），同時分配在四個不同指端的變化，就已經擁有10000～194481種先天本質型態。

所以，在本書中先教大家做基礎歸類學習，將指紋型態分為四大類，進行核心的二個指頭交叉比對，從先天本質十六種型態開始這份探索自我的豐盛之旅。

現在，就拿出你的右手拇指和左手食指，看看是屬於內斂型態、溫和型態、掌控型態還是多元型態呢？然後，透過下面的「本質類型表」去對應出屬於你的先天本質：

本質類型表

本質類型	右手拇指	左手食指	相應特質
綠蠵龜	內斂型態（A）	內斂型態（A）	內向謹慎
馬蹄蟹	內斂型態（A）	活潑型態（U）	穩健執著
帝王蟹	內斂型態（A）	掌控型態（W）	堅持執著
招潮蟹	內斂型態（A）	多元型態（WC）	沉著冷靜
座頭鯨	溫和型態（U）	內斂型態（A）	供給和諧
海豚	溫和型態（U）	溫和型態（U）	率真情感
虎鯨	溫和型態（U）	掌控型態（W）	溫和細心
白鯨	溫和型態（U）	多元型態（WC）	開朗飄逸
扁鯊	掌控型態（W）	內斂型態（A）	奮鬥果斷
灰鯖鯊	掌控型態（W）	溫和型態（U）	細膩敏銳
大白鯊	掌控型態（W）	掌控型態（W）	敏銳獨立
雙髻鯊	掌控型態（W）	多元型態（WC）	深思靈活
海葵	多元型態（WC）	內斂型態（A）	挺身而進
墨魚	多元型態（WC）	溫和型態（U）	外向敏感
水母	多元型態（WC）	掌控型態（W）	積極敏銳
章魚	多元型態（WC）	多元型態（WC）	謹慎多心

在十六類型的先天本質裡，你屬於哪一個類型呢？而這個類型將為你帶來什麼樣的人生意義與使命呢？讓我們繼續往下來做深度發現。

你成為你自己了嗎？

　　我常想，什麼是奇蹟？其實，當一個生命從母體分娩而成為獨立個體時，就已經是一個超級偉大的奇蹟了。畢竟能降生到這世上的機率，是微乎其微啊！真的，邀請你想想看，如果人類出現在地球上的歷史有五萬年，那麼這五百個世紀以來，有多少人降生在這個地球上呢？

　　這個數字一直是個謎，就算是統計學家也只能拉出一個推估值，介於六百億到一千多億間。假設我們用最低的推估值來做思考，那麼就有六百億人曾降生於地球，而我們僅是這六百億分之一啊！在這五百個世紀裡，有多少人歷經了相識、組織家庭、生下孩子，然後一代又一代的相傳，直到我們得以降生於這個世上。

　　而且，最獨特的是我們一路走來的故事，絕對是人類歷史上獨一無二的，沒有人擁有與我們相同的生命故事；因為這份獨特，在我們出生之前就已經存在了。我的意思是：我們每一個人都傳承了所有先人的生物記憶，我們的五官、我們的膚色、我們的性別，這份遺傳痕跡不只影響我們擁有什麼樣的身體，更造就我們能走到哪裡的天賦及性格。

進一步探索基因遺傳下的先天本質，有助於瞭解自己的處世想法和待人直覺從何而來。因為我們與生俱來的力量與熱情，是源自於獨一無二的生物遺傳，追溯源頭，將有助於找到你的路。

　　在上一個章節，相信你已經認識屬於你的先天本質類型，緊接下來，就針對個別類型來做深入解析。

1. 綠蠵龜型：

　　愈是在艱困的環境中，愈能發現具有此種本質典型的人存在，就像綠蠵龜的洄游特性。綠蠵龜個性平和、喜歡熱帶及溫帶淺海水域，以肺呼吸，在繁殖季時會從覓食棲地回到當初出生地，進行交配並繁衍後代。

　　身軀龐大但腦袋很小的牠，如何能在茫茫的大海中，每隔數年就能很準確的回其出生地，一直是海洋生物學家十分感興趣的題目。有人假設說和鮭魚洄游一樣，在出生後，會在記憶中留下其出生地特有的「記號」，再依循這些資訊洄游到其出生地去產卵。

　　然而，綠蠵龜出生的沙灘環境不若鮭魚那麼穩定，不但圍繞沙灘的水團會隨著潮汐、季節、風浪等而遷移，其產卵的沙灘也會因各種氣候因素而產生大量的位移，如何能從數公里以外的海上「聞」得到其出生地的「氣味」，亦是一大問題。

　　直到1990年「洛克曼實驗」提出綠蠵龜出生時會記得出生地之地磁的傾角與強度，而這兩項資料就像地圖上任何一點的經緯度一樣地精確，因此當牠們長大成熟後，牠便能按照記憶中的「地磁地圖」，游回其出生地去交配及產卵。

這類特質的人就如同綠蠵龜對於其出生地先天俱備之高度的忠誠度，也似乎是為了對抗頑強的環境，而孳生出這種刻苦耐勞、堅忍不拔的個性。

綠蠵龜型的人，認為人生猶如油麻菜籽，被栽在哪裡，就得認命地接受命運安排。就好比許多人若活在窮途潦倒、流離顛沛的生活中，不但容易將生命中的憧憬一點一滴放棄，對於命運的捉弄更會有著無數的怨與恨，但他卻仍會咬緊牙關、堅守著與生俱來求生的本能，任勞任怨地走他人生的路。

不過他沒有遠大的抱負，也沒有美麗的幻想，更沒有追求功成名就的野心，以理智、消極且被動的態度面對他的人生。即使人生際遇改善了，他還會擔憂好運能持續多久？

他熱衷於生活周遭的和諧，尊重他人的感受，但不要求感謝或報償，是所有先天本質中，最刻苦耐勞的一個。

「綠蠵龜型」先天本質補充如下：

（1）安靜、友善、負責任又認真。

（2）行事盡心，並能全責投入工作。

（3）安定性高，是工作或團體的安定力量。

（4）周到、刻苦及力求精確。

第三步
自我發現，我與我？

（5）對必要的細節事務有耐心。

（6）忠貞、考慮周到、有洞察力且會尊重他人感受。

綠螞龜型的本質運作關鍵：「工作」

他將工作與人生劃上了等號，往往只埋首於自己分內該做的事情，就算工作量再大，也只會默默承受；對於未來缺乏明確的規劃與強烈企圖心，並不期待能夠由工作中獲得任何的樂趣，有時候甚至覺得工作是一種磨難。

縱使有如此消極的人生觀，但是他刻苦耐勞、勤奮不懈且任勞任怨的本質，不僅能使他成為一個值得信賴的人，對本身的家庭和整個社會的貢獻也是功不可沒。

他不但苛以律己，更是嚴以待人，重視每件事的步驟與流程，對周遭的人都要求極高，對於既定認知的傳統有其高度忠誠，不容易向壓力與負擔屈服。

2. 馬蹄蟹型：

馬蹄蟹的祖先出現在地質歷史時期古生代泥盆紀，當時恐龍尚未崛起，原始魚類剛剛問世，隨著時間的推移，與牠同時代的動物或者進化、或者滅絕，而惟獨只有馬蹄蟹從五億多年前問世至今仍保留其原始而古老的相貌，所以有「活化石」之稱。

馬蹄蟹型的人，就如同馬蹄蟹在幾億年來的萬變中，生活方式與形態都沒有太大差別，享受著一派遺世獨立的作風。他極力追尋自我且獨立自主的生活空間。

不容易在人際交往中獲得常人所追求的喜樂，但也並非排斥或厭惡人與人之間的交流，只不過在世俗的社交、人際間的勾心鬥角、溝通模式的錯綜認知等，總會很快讓他感受到一種前所未有的心力交瘁。

為了避免這存在人際關係間被榨乾般的虛脫感，他喜歡慣性而簡單的關係，就好比雌雄馬蹄蟹一旦結為夫妻便形影不離，肥大的雌馬蹄蟹常馱著瘦小的丈夫蹣跚而行，相伴於慣性而簡單的關係中。

唯有在獨處或慣性關係中，遠離人群的喧嘩與干擾，他的身心才能夠完全放鬆，心靈才可以得到充滿與撫慰，想像力也才可以自由奔馳。

馬蹄蟹型的人，享受著那份不為群知的空寂，大隱於市井中。如此的孤傲、清明，猶如絕緣體，讓人有種就算滿腔熱血也融不化他那冷漠外衣的感嘆。不隨眾沉浮的他，總是冷眼旁觀這世界上所發生的一切，不易受外界環境所干擾，善於分析問題的核心，在乎事物呈現的具體性，具有安靜、坦率以及誠實的個性。

「馬蹄蟹型」先天本質補充如下：

（1）冷靜的旁觀者——少言、自制。

（2）以獨有的好奇心和有創意的幽默，觀察和分析生活。

（3）往往對正在發生的現象之起因和結果感興趣。

（4）對機械性的事物為什麼奏效，傾注興趣。

（5）喜歡用邏輯原理來組織事實。

（6）擅長抓住實際問題的核心並尋求解決辦法。

馬蹄蟹型的本質運作關鍵：「自我」

沉浸在自我思維天的他，自在於獨來獨往或簡單慣性的人際關係中，不在乎有沒有人可以分享心靈世界，也不喜歡主動和人打交道，不會因為他人沒有給予足夠的關懷，或者他人是否對自己缺乏瞭解，而對生活乏味或對自

我產生懷疑。

　　他之所以不喜歡紛擾且多變的人際關係，並不全然因為恐懼社交，或刻意想逃避人群、只有自己；而是在簡單而慣性的相處中，他才能真正感覺到自在與喜悅，自我心靈也才有解放的機會。

3. 帝王蟹型：

　　帝王蟹主要生存在超級寒冷地帶或海域，體型巨大，因此被人稱為螃蟹中的王者，素有「蟹中之王」的美譽。

　　活動深度達海域800～900米的深處，純淨、零污染的冷水海域，生活溫度在2～5℃，甚至更低。多種生物都是牠的囊中之物，體重20餘斤，壽命為30年，耐冰冷的特性，生長形狀獨特，全身長滿硬殼和皮刺，堅硬的外殼和巨大的蟹螯，讓牠們幾乎沒有天敵，橫行霸道，屬於頂級破壞性生物。

　　帝王蟹的繁殖速度尤其驚人，美國科學家史密斯研究表明，在過去的1,000多萬年間，帝王蟹生存在下方深層水域，如果牠要覓食，生活在牠上方的蝦米、海參等生物，都將面臨滅頂之災。

　　所以，攻擊力十分強悍的牠，在海域有著一定地位，也對人們所處的生態環境有一定性的影響力，牠的遷移更具備了不容忽視的重要性。

　　帝王蟹型的人，正如帝王蟹在海域中或整個生態鏈裡扮演的重要角色，支持並維護整個社會的經濟穩定運轉，同時還兼具東方人所尊崇的許多堅韌優點。

　　在事情處理上，他凡事求其盡善盡美，勤奮堅持，從不讓自己虎頭蛇尾或半途而廢。

他是個遵循社會文化和道德規範的人，絕不會做出離經叛道、脫離常軌的事。

在家庭關係裡，相當具有控制能力的他，勤儉、忠貞，不管外在環境多麼惡劣，永遠提供伴侶可以依靠的臂膀。然而，對於情感表達卻是含蓄而內斂的，只有於日常細微的一舉一動才能體會出他的深切關懷。

他腳踏實地，不輕狂、不誇耀，嚴肅的態度讓生活和環境井然有序，為人忠誠、有責任感，在高品質的工作尚未結束前是不會休息的。這樣的他，縱使並不炫目耀眼、引人入勝，卻也對整個社會帶來深不可測的貢獻。

「帝王蟹型」先天本質補充如下：

（1）嚴肅、少言、依靠精力集中，有始有終。

（2）注重實踐、有秩序、實事求是、有邏輯、現實、值得信賴。

（3）設法組織好每樣事情。

（4）負責任、決定該做什麼就會不顧反對和干擾，堅定不移地去完成它。

（5）十分樂於任何事。

（6）重視傳統與忠誠。

帝王蟹型的本質運作關鍵：「工作」

工作一直是帝王蟹型的生活重心，願意比任何人付出更多時間和精力在工作上。對公司忠貞、對上司敬重，對工作品質要求極高，不僅十分重視細節，態度認真、負責、有條理，且往往是工作崗位上最盡忠職守的人。

然而，本身做事相當投入且追求完美的他，往往容易要求別人遵循他的做事方法，常對共事的對象期望過高。因此，若要避免他人的反彈，行事必須學習具備彈性。

工作成果是其用以肯定自我的依據，所以自然而然的在許多職業中，得以位居要津。

4. 招潮蟹型：

招潮蟹靠視覺和聽覺接受通訊、聯絡、警告的信號，營穴居生活，洞穴是此類蟹生活的中心，在洞穴裡既可以避免水陸各類捕食者的侵襲，又可以避免潮水浸淹或太陽直射，牠的活動始終以洞穴為中心。

然而，當牠爬出洞穴到外邊行走時，洞穴附近經常淤積起一些潮水退去後形成的沙堆，招潮蟹會因視線被擋而看不見自己的洞穴。那麼，牠是如何找回自己的洞穴，如何回到家呢？

原來，牠們擁有「定位回巢」天性。研究人員發現，招潮蟹回巢時不會像其他動物那樣尋找路徑上的標記，而是依賴於牠大腦中天生具有的數學計算能力，每走一步，都會重新計算洞穴的位置、所走的步數和這些步子的方位。

這樣的天性就如同招潮蟹型的人一般，擁有理智重於情感的大腦。

不僅重理論和邏輯分析，且不會任由波動的情緒來左右自己的行為，不輕易流露感情，就連情感的表達方式通常也是保守且拘謹的。

招潮蟹型的人由於情緒平穩，對自己在行為上的自我控制極佳。一個招潮蟹型的孩子就算其他同齡的小朋友

在外頭遊戲，他也能克制自己的玩性，完成自己負責的項目。一個招潮蟹型的大人若進減肥中心，也絕對能克制自己的嘴饞，完成自己的減重大計。

然而，在心像想法上，招潮蟹型的人卻如同招潮蟹型的另一個特性，發展出一種隨境而思的彈性與柔軟。談到這點，我們先來認識招潮蟹的另一個特性吧！

招潮蟹隨著潮水的漲落安排自己的生活節奏，可謂潮退而出，潮漲而歸。除此以外，牠們的體色在每一天都會隨白天黑夜交替而變化；每當夜晚，體色變淺，白天則深而鮮豔，這是因為在白天變成深色有利於蟹的藏匿，是一種保護色。

科學家們進而又把招潮蟹放在黑暗的容器中，由美國東海岸運到西海岸，安置在新的時區裡。結果，招潮蟹還是很快地適應了新環境，並按新的時區來安排自己的生活。

這種在極富規律的節奏下，還能依著外在環境變化而產生體色變化的獨有特性，就像招潮蟹型的人在心緒上展現的隨和一樣，不喜歡辯論或發表意見，但是很清楚察覺夥伴在做什麼，卻寧可讓他人帶領自己。

「招潮蟹型」先天本質補充如下：

（1）羞怯、不事聲張的友善、敏感、和諧，謙虛看待自己的能力。

（2）迴避爭論，不將自己的觀點和價值觀強加於人。

（3）一般來說，無意做領導工作，但常常是忠實的追隨者。

（4）喜歡簡單慣性生活，容易享受眼前的樂趣。

（5）事情做完經常鬆懈，不願讓過度的緊迫來破壞這種享受。

（6）喜歡照已訂的時程辦事。

招潮蟹型的本質運作關鍵：「自我控制」

招潮蟹型的人，服膺社會行事的準則。在公司裡，會扮演好老闆眼中理想且忠誠的員工。在學校裡，也是最能聽話照做、博取老師歡心的好學生。在家庭關係中是負責、顧家，且家中必整理得井然有序。

然而，在心像的發想上，卻容易讓自己在面對重大決策時猶豫不決，因為總是非要煞費苦心地全盤瞭解事情的來龍去脈後，才能做出決策的慣性，無法顧全大局。

培養能讓自己當機立斷的「要事為先」智慧，是其重要關鍵。

5.座頭鯨型：

　　他如同一尾性情溫順的座頭鯨，同伴間眷戀性很強，多成對活動。天性上有一種保護其他物種的直覺，就跟消防員看見著火的房子，就會衝入房屋中救人是一樣的，即使他們並不認識那些人。

　　座頭鯨保護其他物種的利他行為跡象，目前已經發現好幾百起類似的案例。基梅拉動物權中心執行長的鯨魚心智專家馬莉諾（Lori Marino）說：「座頭鯨有能力進行深度思考、決策、解決難題以及彼此溝通。這一切加總起來，表示這個物種發展出高度的整體心智力，並且有同理心與反應的能力。」

　　這樣天性在於利他的座頭鯨型，令人打從心坎裡，禁不住也要愛他、保護他。

　　座頭鯨型的人，就如同座頭鯨為了化解掉外面世界隨處充滿的恐懼與威脅，具有一套與同伴間十分複雜的交流技巧，講究合作。只有他的同伴小窩，能夠隔絕所有的風雨飄搖或虎視眈眈的兇猛強敵。

　　在有同伴的小窩世界裡，就是他的天堂，以及生命動力的來源。

　　同時，他還擁有座頭鯨的另一種規律特性：每年進行南北洄游。夏季洄游到冷水海域索餌，冬季到溫暖海域繁

殖，洄游期不進食，游泳速度較慢，每小時約為8～15公里，常發出類似「唱歌」的繁雜聲音。

這樣的規律特性，就如同座頭鯨型的人對家庭及婚姻的忠貞天性，能在單純、穩定的家居生活裡甘之如飴，與家人或好友的互動也顯得自在與溫馨，並且能充滿活力與創造力。

處在安全熟悉的環境中，座頭鯨型清楚知道自己的定位及能力所在，更能將注意力放在外部世界，誠摯地關心他人。可是一旦離開了這個環境，很可能會暫時動搖他對自我的信心，經常通過改變自己來滿足別人的期望。

「座頭鯨型」先天本質補充如下：

（1）熱心、受歡迎，有責任心的天生合作者。

（2）要求和諧並擅長於創造和諧。

（3）經常為別人做好事。

（4）能得到鼓勵和讚揚時，工作最出色。

（5）興趣在於那些對人們的生活有直接和明顯影響的事情。

（6）喜歡與他人共事且精確完成工作。

座頭鯨型的本質運作關鍵：「情緒」

唯有處在家庭或親密的小團體裡，才能感受到心靈停泊的港灣，情緒也才得以完全地放鬆，並呈現出自己最佳的狀態。此時的他，會是個充滿活力與生命力的可人兒。

可是一旦必須去面對不熟悉的場合時，就容易呈現出拘謹且侷促不安。這時的他就會用客氣且冷淡的態度，來掩飾自己內心正衝撞的焦慮與忐忑。

也因為如此，所以他往往不願意去破壞生活的規律及一些既定的習慣，更不用說要他去嘗試新的挑戰。然而若是因為工作關係，不得不去跳出舒適圈，他仍舊有辦法讓自己抑制住焦慮的心，蒐集好相關資料，融入不熟悉的陌生環境裡。

6. 海豚型:

海豚是一種群居動物,一群海豚的數量一般可達十幾頭,同時在食物非常充裕的水域區,海豚的成群量可以超過1,000頭。溫馴的他們在個體間用各種聲音交流,還會發出超聲波作回聲定位,當脫離群居而處於長時間落單時,牠們就會如同世界末日般的徬徨失措,不僅頓然失去了依恃,也找不到自己的生活重心,急切地想要找尋同伴,只有生活在群體裡,才能得到安全感。

海豚型的女性,有著東方人最推崇的溫婉女性傳統美德,就好比同群海豚間容易建立起來的社會關係,會在受傷或者生病的個體身邊停留並照顧,甚至幫助牠呼吸,將一生全然奉獻給自己的家人和親密友人,喜愛在家庭這樣的親密關係中,尋得生命的目標和意義。

凡事也容易以他生命中最親密夥伴的意見為主,縱使他自己有著成功且正急速發展的項目,仍會因為另一半的需要而放棄自己當下所有,追隨並相信生命中最重要的人會引領他到最安全、最舒適的地方。

也因為如此重視關係的天性,海豚型的他,對於友誼及感情的破裂是不可承受之重,來自人際間的一切問題產生及任何批評,都會十分自責。因此非常需要別人口頭上的支持與鼓勵,以減輕這樣的焦慮。

海豚型在應付這方面的壓力，會不自覺採取以犧牲自己的喜好，去討好對方的方法，只為了確保在人際關係上不會出錯。這樣自娛娛人的天性，就如同喜歡在大浪裡跳躍翻滾的海豚，有時還會躍出水面，做一些類似於雜耍的動作。

　　娛樂，在海豚的文化中是很重要的一個組成部分。

　　海豚喜歡玩海藻，也喜歡與其他的海豚打鬧，甚至會主動去戲弄其他生物，還會和游泳者一起玩耍；通過觀察，在水族館裡的海豚還會自己製造和控制水中的氣泡。這種融合在海豚型人獨有的製造快樂，恰好完整詮釋了他們對於周遭人的體貼與樂於付出，積極與身邊的人互動，是親身實踐的學習者。

「海豚型」先天本質補充如下：

（1）擅長於換位思考中，解決問題。

（2）欣賞行動實作者，對任何的進展都感到高興。

（3）能夠察覺別人的需要，並願意對他人付出關懷。

（4）不喜歡多加解釋。

（5）喜好能掌握、能合一的交際事物。

（6）善容忍、重感受，想取得成果必須下對定義。

海豚型的本質運作關鍵：「人際關係」

海豚型的人通常願意做較多的犧牲去維持一段感情，並以這樣的付出為樂，不但希望對方接受也不會要求對方要做出同等的付出。因為他的生活意義在於滿足身邊人的願望，唯有和諧與舒服的人際關係，才能使他覺得對未來充滿動力。

特質強烈的海豚型，不僅在生活中非常容易與他人建立良好的人際關係，並會享受在討好他人生中一些重要的人，全心全意地經營，甚至願意去忍受許多委屈，只為了讓他生命中所有重要的人感到愉快，因為對方的喜樂就是他的快樂泉源。

另外，他相當尊重且信任掌權者，喜歡處在一個健全的、相互尊重、相互關懷的人際關係中，只要不侵犯他的最終原則與興趣，他會是一個非常棒的伴侶或夥伴。

7. 虎鯨型：

　　虎鯨是海豚的一種，擁有海豚科中最為強大巨大的身體，在牠還是小虎鯨的時候，擁有一種不自主惹人疼愛的萌樣，黑色光滑的身體、白色的下巴和肚子，配色好像大熊貓，除了讓人感到親和溫馴、悠遊自在外，還有那麼點倦怠懶惰的雍容感，設計師們都把牠做為靈感來源，設計出了各種小玩意。

　　虎鯨每天總有2～3個小時靜靜地待在水的表層，因為肺部充滿了足夠的空氣，所以能夠安然地漂浮在海面上，露出巨大的背鰭。

　　他的人生目標，在於全力的追求自我的嗜好及盡情的享受人生。

　　虎鯨型的人，只將工作視為生命中的一小部分，他認為工作的目的只是在滿足生活所需，會將自己分內的工作做到一定的水準，但不會要求盡善盡美，會給自己保留時間和精力去從事他真正有興趣的事。

　　另外，虎鯨雖然擁有人畜無害的外表，嘴角掛著招牌微笑曲線，但是牠們卻是最兇狠殘暴的海中霸主，又稱為殺手鯨、殺人鯨、逆戟鯨，是一種非常聰明的食肉動物，位於海洋食物鏈的最頂端，食性廣泛，在自然界中沒有天敵，連海洋中殺手「大白鯊」都要敬牠三分。

牠們的狠勁，來自高度社會化的天性，成員之間有固定的社會關係，分工十分明確，彼此互相照應。獵物出現時，虎鯨會迅速組織團隊商量對策，合作無間地將獵物團團圍住。

　　所以，虎鯨喜歡群居的生活，群體成員間的胸鰭經常保持接觸，顯得親熱和團結。如果群體中有成員受傷，或者發生意外失去了知覺，其它成員就會前來幫助，用身體或頭部連頂帶托，使其能夠繼續漂浮在海面上，就是在睡覺時也紮成一堆，這是為了互相照應，並保持一定程度的清醒。牠們在一起旅行、用食，以種群為社會組織，在廣大的家庭中休息，互相依靠著生存長大。

　　也因為如此，擁有虎鯨型本質的人大多會以家庭為重，甚至喜歡有個人可以隨時來照顧他，因此他很樂意與他人建立優質的人際關係。這種看似自我卻又依賴的存有，就如同在水族館裡看見被人類馴化、變得溫順的虎鯨，只因為人們掌握了牠的一個弱點：一旦離開了同類而單獨生活時，膽量就變得很小了。

　　不過，虎鯨有強烈的復仇心理，對曾經傷害過自己或同伴的人會牢牢記住，下次一見到他便會發動瘋狂的進攻。

　　這種與生俱來的心理狀態，也讓虎鯨型的人有時會像扁鯊型一樣，防範別人佔他便宜，一旦懷疑他人心懷不軌

時，會毫不考慮地回絕對方的要求，確保自己不吃虧，且能繼續保持自己的生活方式。

此外，虎鯨是鯨類中的「語言大師」，能發出62種不同的聲音，而且這些聲音有著不同的含義。牠們的大腦和人類極為相似，有溝迴、有分區、有皮層、還有海馬區，是一個擁有記憶、懂得體恤、相互合作的群體。

就如同虎鯨型的人，雖然以自我優先為考量，然而在責任心與價值觀的驅使下，仍然容易啟動天生具有的清晰洞察力，是很多不同類型的人口中所謂的「密友」或「知己」。

「虎鯨型」先天本質補充如下：

（1）在需要做和想要做的事情上取得平衡。

（2）全力投入關乎自己的工作。

（3）責任心強，以家庭為重。

（4）因其堅定的原則，忠於自己的性格。

（5）對於人，融洽相處；對於事，謹守本分。

（6）光明正大且堅信其所認知的事物。

虎鯨型的本質運作關鍵：「自我」

對虎鯨型的人來說，人生最大的幸福，莫過於能無後顧之憂地享受個人的樂趣。例如唱歌、打球、旅行、踏

青，甚至即使只是幾個好友相約茶聚、喝杯咖啡這樣的小事，都能讓他感到興奮莫名。

他的生活哲學是：只要把該做的事做完，就能追求任何想做的事情。

他不同於帝王蟹型，需要藉由工作上的成就肯定自己，一旦覺得對工作與家庭已經善盡職責，就會將生活重心轉移到自己心之所繫的嗜好中；不容他人侵犯自身的自主權與獨立性，任誰要剝奪他所要尋求的快樂，他就不惜和誰過不去。

虎鯨型的人，頗能自我接納，無論自己是個怎樣的人，都願意面對真實的自我。

8. 白鯨型：

　　泳速緩慢，以柔和的起伏動作移動，幾乎不躍身擊浪，少有空中動作的白鯨，就如同本質落在白鯨型的人一樣，內在世界通常是平和自然的，尤其是在帶給別人快樂或滿足別人的需求時更是如此。

　　白鯨的活力與適應力、特殊的外貌、易受吸引的天性、以及可接受訓練等因素，不僅使其成為海洋世界的明星之一，更成為水族館圈養展演的熱門首選。

　　只要有參觀過國立屏東海生館的朋友，相信一定對被稱為「海中蘇珊大嬸」的白鯨歌聲不陌生，時而發出如同夜晚蟲唱的寧靜低音，時而唱出高亢嘹亮如同聲樂演唱的高歌。白鯨沒有聲帶，之所以能夠發出聲音，是靠頭頂上噴水孔附近的氣囊，所有的聲音都有大小、快慢和抑揚之分，透過氣囊努力製造出來的好聲音，能每天在不一樣的時間，或在不一樣深度的海域發出不一樣的聲音，創造其所在環境中的動人氛圍。

　　同時，自古以來為北極當地原住民提供食物、燃油、皮革等物資的牠們，給大眾的印象一直是非為一己之私利，而是為了整個團體的需求。

　　白鯨型的人，人生哲學是：「愛一個人，就是要不求回報，無怨無悔的付出。」

一旦身邊有其他的人時，他總是會先替對方著想，而往往忽略了自己，唯有獨處時，他才能放鬆身心，享受全然屬於自我的時光。

有些本質過度白鯨型的人容易將撫平別人憂傷、滿足別人需求列為高度使命感，所以比一般人更常接觸那些需要幫助的人，久而久之便有一種錯覺，以為這個世界上處處都布滿困難和艱辛，以至於顯得焦慮不安，讓人感到過分拘謹。

這樣杯水車薪的挫折感，容易產生難以排除的罪惡感，倘若不知如何紓解自我責難與不滿的情緒，就會造成憂鬱的傾向。

白鯨型的壓力來源有兩個方向，其一是奉獻太多心力滿足他人需要，一旦別人不再需要他的照顧時，會頓時失去生活重心；其二是用心所做的付出卻收不到他人的肯定與認同，會感到茫然失措。

那種樂於付出的傾向就好比社會性很強的白鯨媽媽，對於後代的小白鯨那般無微不至。小白鯨的餵食因為都是在水中進行，所以白鯨媽媽在餵食的時候會刻意游行很慢，也會很積極地教小鯨魚如何過生活，為將來的獨立做準備。

白鯨型由於有著單純、天真無邪且樂於奉獻的特質，能夠接受人生中的種種試煉，更能追求極致的生活體驗，

以新點子來滿足個人的需求，觀察力敏　、實際，通常是根據自己的標準來下最後決定。

「白鯨型」先天本質補充如下：

（1）開朗、隨和、友善、喜歡分享他們的喜好給他人。

（2）喜歡行動並力促事情發生。

（3）他們瞭解正在發生的事情並積極參與。

（4）認為記住事實比掌握理論更為容易。

（5）在需要豐富知識和實際能力的情況下表現最佳。

（6）對生命、人、物質享受的熱愛者。

白鯨型的本質運作關鍵：「人際關係」

白鯨型和海豚型有著同樣的生活目的：在於使他人過得更好、更愉快。然而，海豚型所付出的對象較傾向於自己的親人，而白鯨型則是來者不拒、推己及人，所以當有人感到悲傷的時候，白鯨型通常會毫不遲疑地伸出援手。

除非白鯨型的人在後天環境中被植入「自我」的信念來平衡，否則只為別人著想，很少考慮到自己的利益，即使為別人付出再多也無怨無悔。

不喜歡成為眾所矚目的焦點，然而看似精力充沛、朝氣蓬勃的他，在助人動力的催化下，雖然不誇耀自己的付

出，但他仍需要大家對他的所作所為給予肯定。倘若別人對他的付出全都認為是理所當然，他會覺得不受重視而把一切負面情緒積壓在心中，更容易產生不滿的狀態，而失去了內心的平和。

9. 扁鯊型：

扁鯊外形擁有與生俱來的獨特性，很像一把琵琶，與我們常見的鯊不同，故也有人稱其為琵琶鯊；牠的身體平扁，胸鰭及臀鰭也很寬闊，可以將自己偽裝成為海床的一部分。

因著如此得天獨厚的外形偽裝優勢，在日間會不動的停在海床，披著一身近似於環境的顏色，將自己藏在沉積的沙中，只露出眼睛，以逸待勞捕捉食物。這樣的隱藏特性，也造就牠們擁有超乎常態的高警覺性，雖然牠們並不怎麼帶有攻擊性，但若受到騷擾，則會很快的咬對方。

扁鯊型的人，也因為有這樣的高警覺性與敏銳洞察力，往往在不同位置上擔任起「守護者」的相似角色。因為當眾人處在安樂祥和的環境中，還停留在那股舒適安寧的節奏時，扁鯊型的人早已從他人言詞中潛隱的動機或企圖，甚至被扭曲的事情真相與些微訊息，發現別人尚未覺察到的潛伏危機。他具有的特殊天賦，使他得以精準捕獲到他的獵物，完美的達成任務。

天生就不是個妥協者的他，不但自我且很主觀；當他察覺並認知一些來自社會的弊端或腐化現象，堅毅的自主性和防禦性，絕不允許自己坐視不管。就如同扁鯊受到騷擾，立即咬回去的反射姿態，往往奮不顧身地為自己堅守

的真理奮戰，仗義執言、反抗惡勢力。

居處在這多元變化的世界裡，對周遭人、事、物都充滿戒心的扁鯊型，也容易抱著「眾人皆醉，唯我獨醒」的捍衛態度，以悲觀的角度來詮釋這個社會所發生的百態；倘若不適度的調適與轉移過度敏銳的感應力，就越會覺得這世界處處充滿著危機，而對於突發事件和不穩定局勢心生畏懼。

扁鯊型的人，講求實際、具邏輯性、好分析、處事果斷，可承擔責任，並快速做出務實的決定。對自我情緒的外在呈現是非常保守且謹慎的，除非被挑釁或突發事件，否則就連跟親密的人在一起，仍持一貫的保留態度。

「扁鯊型」先天本質補充如下：

（1）講實際、重現實，天生的商業或機械學頭腦。

（2）對抽象理論不感興趣，希望學習可以直接和立即應用的知識。

（3）喜歡組織和參與活動，並擁有全然掌控權。

（4）通常能成為一個慷慨、大方的領導人。

（5）以果斷與迅速的行動力來執行所有決定。

（6）考慮日常事務的各種細節。

扁鯊型的本質運作關鍵：「人際關係」

扁鯊型的人，深信命運掌握在自己手上，不但不相信宿命論，甚至在做任何事情的同時，都在不斷地尋求獨立性與自主權。非常在意所處人際關係中的權力架構，無法容忍受制於他人，總是期盼成為權勢的擁有者。

在人際關係中所抱持的原則即是「防人之心不可無」，即使面對一位熟識的友人，仍不會輕易的將自己弱點暴露在對方面前。處處提防別人圖謀不軌，甚至會質疑別人和他交談的動機，不容易相信人，在關係上，講究絕對忠貞。

如果曾經發生在關係上的欺瞞行徑，扁鯊型的防人之心會加倍強烈，也會不自主地對別人言談中的每一句話吹毛求疵，用對方不經意的語病扭取原來的心意，人際關係上的困擾也由此而生。

然而，若能善用扁鯊型特有的洞察他人的潛伏能力，運用堅忍不拔及不被困苦擊倒的精神特質，相信會吸引擁有共同理念的追隨者。

10. 灰鯖鯊型：

百戰天龍馬蓋先和007情報員在影片中槍戰追逐、出生入死，無時無刻都處在一種致命的懸繫間，不斷挑戰體能和智力上的極限，可算是灰鯖鯊型的代表人物。

他們在思想上的敏捷與行動上的絕對，就如同灰鯖鯊在海洋生物中的定位，是鯊魚中速度最快、最敏捷、最致命的一種，其毫無生氣的眼睛、尖銳的利齒更是令人不寒而慄，每次的「狩獵」絕不空手而回。

所以，灰鯖鯊型的人，除了精力充沛、體健敏捷外，喜歡隨時想個新點子，讓自己得以追求豐盛而多彩的「獵物」，生活中往往也會衝刺著許多新奇和刺激。

灰鯖鯊還有一個特性：能使體溫高於周圍的水之熱交換循環系統，進而維持在不同環境下的高度活躍性。

這種特性融合在灰鯖鯊型的本質裡，讓其更加敏銳，更加生龍活虎，一般常人不願輕易嘗試的挑戰，對他而言卻是生命的原動力。因為對他們而言，若生活中失去了自由、挑戰與感官上的刺激，生存就變得索然乏味，猶如被捕獲困在網內的灰鯖鯊，憤怒、躁動，甚至不惜做出搏命的殘念。

被外在因素所束縛，以至於無法做自己想做的事，將會是他最大的壓力源。

然而這種如同困在籠裡的野獸，無法盡情發揮原始本能一般的暴動特性，也會隨著漸入中年，感覺到自己的心境和體力都大不如前，慢慢地不再那麼突顯。

灰鯖鯊型性情開朗、活潑外向，然而有些時候容易將感受寫在臉上，不善於控制和隱藏自己的情緒，如果遇到生命中的低潮或無法掌控的無端來由，喜歡藉由外物來麻醉自己，在解決問題的層面上，有著些微逃避的傾向。

灰鯖鯊型的人，傾向獨處，以尋找問題解決的方法，屬於安靜、有思想的類型。

「灰鯖鯊型」先天本質補充如下：

（1）勇於嘗試、突破陳規。

（2）特別喜歡科學上或極限項目的追求。

（3）喜愛用積極行動來解決問題。

（4）主要興趣在於出主意，不大喜歡閒聊天。

（5）傾向於有明確範圍的愛好。

（6）謀求他們某些特別愛好，能得到運用和有用的職業。

灰鯖鯊型的本質運作關鍵：「自我」

灰鯖鯊型有著明確的自我，不認為有必要去滿足他人需求，也不需要有個親密伴侶來成為他的生命重心。倘若

他設定了一個想要超越現況的利人益己目標，其行為背後的動機往往並非懷抱著任何崇高的使命感，而純粹是為了自身尋求挑戰的特性使然。

和雙髻鯊型一樣，灰鯖鯊型不需要藉由任何人給予支持或鼓勵來認同自己。他們最大的不同點在於：雙髻鯊型遵循社會規範，且能堅持自己的信念去追逐目標；而灰鯖鯊型傾向於自己的心像夢想，有些時候會從突破陳規的藩籬中得到滿足與快樂。

灰鯖鯊型雖然講求效率和速度，也非常重視與在乎目標達成，然而對獨立自主的定義卻與其他本質典型不同，重視眼前所看見的，有時就會被瞬間的衝動影響而行事，任由自己去尋求那些波瀾壯闊的人生體驗。

如何選擇滿足自我內在那份呼喚的方式，將對他的人生有很大的影響；可以為自己生活帶來樂趣且感受不同的生命歷程，也可能帶給他人莫名困擾。一切，端視將自我放在什麼樣的位置上。

11. 大白鯊型：

大白鯊具有極其靈敏的嗅覺和觸覺，牠可以嗅到1公里外被稀釋成原來的1/500濃度的血液氣味並以69千米/每小時的速度趕去，還能覺察到生物肌肉收縮時產生的微小電流，以此判斷獵物的體型和運動情況。

經常埋伏在水底，隨時伺機而動，尋找或等待著牠的獵物，為了自己飽腹，會在未受刺激的情形下對游泳、潛水、衝浪的人，甚至小型船隻進行致命的攻擊，特別是對飆網者和潛水夫的進攻而惡名昭彰。當然，當大型鯨魚死亡後的腐肉氣味吸引其覓食，也會為了牟取最大利益，讓體型較大的率先享用，彼此分一杯羹、互利共生。

具有此本質特性的人，猶如大白鯊般，是十六型本質中最強而有力，也是最容易獲致成功的一個。

野心勃勃的他，是個不願屈就的實行家，崇尚追求成功的心態，使他能自我克制並不畏艱難阻礙的朝目標邁進，若無後天的人本修練，甚至會置社會道德規範於腦後，為達目的而不擇手段。

他們甚至是企業改造的最佳人選，因為他們願意忍凡人所不可忍的屈辱，愈是在艱困挫折的環境中，心志愈堅毅、愈果決；當危機接踵而至，反而夠能彰顯出他們別於常人的沈穩與清晰。

大白鯊還有一個生理構造上的特點，就是牠們胃內有一層堅韌的壁，讓吞入的東西不會弄傷牠們，進而造就牠經常通過啃咬的方式去探索不熟悉的目標，還會將一切感興趣的東西吞下去：肉、骨頭、木塊，甚至鋼筆、玻璃瓶……等。

這樣因好奇而無所懼的天性，也讓大白鯊型的人喜愛尋求以全新的角度或創新的方法來看待事物，對自己的想法和目標非常投入和堅定。

「大白鯊型」先天本質補充如下：

（1）具有創造性的思想並大力推動自己的主意和目標。

（2）目光遠大、對外部事件能迅速找到有意義的模式。

（3）有很好的能力去組織工作並將其進行到底。

（4）不輕信、具批判性、有決心，對能力和行動有高標準。

（5）面對反對意見，通常持懷疑的態度。

（6）所有性格類型中最獨立的。

大白鯊型的本質運作關鍵：「工作」

大白鯊型的人，是個天生的領導者，能掌控一切的慾望，同時也很樂意擔負起隨著權勢而來的責任，而這種傾向展現在工作上更是顯著，尤其以他的積極進取心態，也容易讓其成為引人注目且深具影響力的公眾人物。

因此，我們不難發現在面對動盪搖擺的時候，這種人通常能很果斷的下決定，甚至當需要犧牲部分人的需要來達成目標，或是為了公司全然利益必須將員工裁撤，他也會毫不猶豫，以成事為先、在所不惜。

願意擔負重責大任的他，不僅有遠見、有效率，且能確切的規劃短、中、長期的目標，能夠依要事為先來排定事情處理的輕重緩急，不會因為事物紛雜或遇到突然變化就顯得不知所措。

但也容易在重視效率與目標上，忽略他人感受，不留情面的責難他人。

要能成就更高的大事，除了需要有能信賴他、接納他，且能讓他展現能力及自主性的團隊，更需要他在人際關係上的人本修練。

12. 雙髻鯊型：

雙髻鯊，以其頭部的形狀而得名。種類不多，且各種之間差異不大，頭部有左右兩個突起，每個突起上各有一隻眼睛和一個鼻孔。

兩隻眼睛相距1米，這樣的眼睛分佈對牠觀察周圍情況非常有利，具有非凡的雙眼視覺，不僅像人類一樣擁有雙眼視力，而且牠通過來回搖擺腦袋，還可以具有360°全方位視野。

這種因應海洋環境變化而進化的遼闊視野，也代表著具有此本質的雙髻鯊型在期盼和理想上的遠大，寬闊的胸襟、遠矚的眼光，能洞察整個社會及事件的大藍圖，不畫地自限、更不拘泥於小節。

同時，雙髻鯊的腦袋就像一個水中翼，幫助牠在水中遨遊的效率，而且分佈在雙髻鯊腦袋前邊的化學感測器、電子感測器和壓力感測器也讓牠能夠非常精準地確定獵物的方向和速度，就連長在頭下方的尖利的牙齒，也會讓獵物膽戰心驚，這樣在生理結構上的特異性，都再再強化其掠食的本能。

所以，雙髻鯊型的人，也擁有著大白鯊型般不願屈就的堅毅特質，從不妄自菲薄，對自己的能力一向信心滿滿，即使外在環境不如所願，充滿了許多痛苦的考驗與阻

礙，也無法輕易動搖他對自我理想的堅持；不管起步會遭受到多大的嘲弄與打擊，在他身上那股讓人激賞的鍥而不捨精神，終究會使他邁入自己渴望的人生高峰。

深知自己與眾不同，不願虛度一生的雙髻鯊型，除了有領導人的堅毅和信心外，更擁有著領導者的魅力與彈性。

在心像想法上的接納多元，能迅速發現實現理想的機遇，往往給予他人更多自由發揮的空間，希望尋找一個能符合內在價值觀的外在世界。

「雙髻鯊型」先天本質補充如下：

（1）沈穩的觀察者，擁有高理想主義。

（2）看重外在生活和內在價值的一致性。

（3）有求知欲，常常促進實行主張的作用。

（4）只要某種價值觀不受到威脅，都善於應變和接受。

（5）願意諒解別人並瞭解充分發揮人之潛力的方法。

（6）在乎整體藍圖，不拘泥於小節。

雙髻鯊型的本質運作關鍵：「自我」

雙髻鯊型的人，外向、有進取心、充滿朝氣、活力不懈，不但擁有這些令人羨慕的優點，還能隨時掌握資訊新

脈動，讓他在工作與人際關係上總能有十分亮眼的展現。

　　這樣的他，通常能夠很清楚地認識並接受自己的優點，然而卻不表示容易認知與接納自己的缺點；尤其對於一些太過自我或太專注於自己工作上成就的雙髻鯊型而言，即使他人給予的是一個非常有建設性的建言，他依然會認為那只是一個沒有效益的負評，進而拒絕接受。

　　為了要達成自己的目標與理想，會在洞察事情的整體性，做出果決判斷後的計畫，並善用自己在組織上的影響號召力，同時願意忍受達成目標前的所有挫折與試鍊，讓自己邁向成功之路。

　　充滿自信的雙髻鯊型，對他人會表現出合作、妥協且敬重的一面，同時對自我的信心也賦予他某種特殊的力量與特質，並能明確自身的定位：明白自己渴望的人生目標與架構。

13.海葵型：

海葵被稱為海底的「花朵」，有著像「花瓣」一般舒展的觸鬚，故又被命名為「海底菊」，雖然長得像植物，但它實際是食肉的動物，能夠與小丑魚、寄居蟹共生，並且喜歡被寄居蟹馱著去「遊行」，以尋找食物，也為寄居蟹趕走敵人。

所以，海葵型的人就像是天生的保護者，因為與他人合作並能讓社會更友善，是他們本質結構的關鍵所在。他們擅長與他人通力合作，並能不厭其煩的關注所有項目的細節，習慣於思考看得見的而非虛構的事實。

對於抽象的話題較不容易掌握，但是卻傾向於聽信公認的權威人士，講有關抽象事物的理論，並常常信賴正式認可的觀點，做為他們判斷事物的標準和依據。

社會傳統對海葵型具有重要意義，他們的談話也常常飄蕩到對過去美好日子的緬懷，然而就如同海葵沒有主動出擊的天性一般，緬懷中容易充斥著一種被動性且具有感染性的悲劇傾向，需要控制自己對「最糟糕的事情肯定會發生」這個念頭的恐懼感。

具有過度敏感性的海葵型，他們能快速的表達出喜歡或不喜歡，將在意的人置於顯耀地位；然而，對於不喜歡的人，就很少提及。

他們希望自己被需要，並且花費時間和精力來證明自己是值得信賴的。他們會因為受到不友好的對待而變得垂頭喪氣，並習慣於對他們的制度或人際關係中任何可能的錯誤，承擔責任。

海葵型同時也是個理想主義者，而且看重自己的價值，對自己尊重景仰的人、事業和工作單位都非常忠誠。他們有精力和熱情，同時又有責任感以及謹慎的特點。

海葵型的人，溫暖、盡責並積極回應讚揚與批評，喜歡幫助他人，涉及到個人與團隊成長方面，會表現得富有感染力。

「海葵型」先天本質補充如下：

（1）敏感、負責任，關心他人的所想所願。

（2）處理事情時，會同步考慮到別人情感的一面。

（3）能提出建議或輕鬆而機智地領導小組討論。

（4）喜社交、受歡迎、有同情心。

（5）對表揚和批評較容易敏感。

（6）喜歡帶給別人方便並使人們發揮其潛力。

海葵型的本質運作關鍵：「人際關係」

對海葵型的人來說，最重要的是人際關係以及與別人交流的機會。

海葵型的人，有很強的領導氣質，也有非凡地操縱他人的能力；深信自己的夢想，將自己視為救難者和能人，且富有同情心，能夠理解、支持、扶助他人。對責任感有相當程度重視，也很認真，同時因為是理想主義者，總是能看到別人好的一面。

然而，瞭解並欣賞別人的他們，非常關注別人的需要，卻容易忽視了自己和自己的需要。比別人有更少的心理防線，所以當與感覺遲鈍的人交往時，經常會有受委屈甚至受罵的危險。同時，因為他們認為自己對他人的情感富有責任，所以很少在公共場合批評別人，他們很明白什麼是受欣賞的行為，而且他們很親切、迷人、有氣質，對社會關係很在行。

海葵型的人，友好熱誠，談吐親切，圓滑得體，性情平和，心胸寬闊，富有創造力，而且很識大體，很會促進周邊關係的和睦，是天生的領導者，受歡迎而且具備領袖氣質。尤其熱愛全方位的學習，也讓他們視野遼闊，注意力寬廣，能同時快速地開展好一大串驚人的專案，有極強的企業家能力。

14. 墨魚型：

在人類出現的兩千萬年前，地球上就已經有墨魚的存在了。墨魚是非常奇特且傲嬌的一種動物，渾身上下都非常神秘，牠們游泳的姿勢非常奇怪，通常是噴水倒著走，令人眼花撩亂。

尤其牠能像魚類一樣遨遊，卻沒有魚類的基本特徵，為了主動出擊掠取高營養食物，需要更大的活動空間，在其漫長的進化過程中，墨魚的貝殼轉換成了內生的骨頭，與所屬的貝類不像，似魚非魚，襯托出牠獨有的「美」。

這樣本質的墨魚型，無論在什麼場合中，總能讓人無法忽視他的存在，不僅在表達對人的感受上有其優勢，對於「美」的事物更是熱切追求，讓自己得以永遠維持在光鮮亮麗的他人形象中。

期盼可以把自己的亮麗與美好，分享給身邊所有的人。

墨魚一生只有一次的交配，並且在交配後會失去食慾，十天內便相繼死去，這樣的習性也容易呈現在墨魚型在戀情上的雷光石火，若期待感情得以維持長久，就必須找到一個能夠互相平衡的本質典型。

至於墨魚型的自我控制，就如同在皮膚中有著色素小囊的墨魚，會隨「情緒」的變化而改變外在的呈現，隨興

所至，對於挫折的容忍程度不高。尤其對於一些需要藉由別人眼光來認定自我價值的墨魚型，愈會呈現出難以抗拒外在誘惑或感官上的享樂。

他對自我的概念，著眼於在別人面前所呈現的外在形象。

墨魚型的人，富有創新精神、機智靈敏、喜歡富挑戰的工作，口齒伶俐、想像力豐富，表達力也能融入豐富情感與非語言能力，足以讓與他相處的人注入色彩及活力，很適合去解決具有挑戰性的問題。

「墨魚型」先天本質補充如下：

（1）敏捷、有發明天才，喜歡富有變化。

（2）在乎他人看法，是個有鼓勵性的工作夥伴。

（3）可能出於逗趣而爭論問題的任何面向。

（4）在解決新的問題富於機智，但可能忽視日常事物。

（5）易把興趣從一點，轉移到另一點。

（6）能夠輕而易舉地為他們的要求，找到合乎邏輯的理由。

墨魚型的本質運作關鍵：「情緒」

墨魚型的人，對別人的情緒變化，能夠經由他人在言談中的語調及動作，進而去了解對方的感受，具有極高的敏感度，在開始建立人際關係時，總能讓人容易打開心門並留下深刻的印象。

在日常生活中，一件稀鬆平常、不痛不癢的小事，也能經由他的滿懷情感與豐富表達力，立即變得高潮迭起，讓人拍案叫絕。也正因為他能將生活體驗妝點得多采多姿，身邊的人常能感染到他的歡笑與活力，而增添不少生活的情趣。

墨魚型的情感很容易被觸動，總是容易將自己的情緒表現在臉上，再加上他老是喜歡跟著感覺走，時而多愁善感、時而熱情洋溢，經常會有一些情緒化的行為表現，讓人對他的真實感受，有些時候是捉摸不到的。這時的他，需要別人給予全然的讚美和注意。

此外，對於枯燥無聊的事物，忍受限度極低，就連處理現實生活中的雜瑣事物，都會缺乏耐性、漫不經心。

15. 水母型：

　　全世界的海洋中有超過兩百種的水母，牠們分佈於全球各地的水域裡，並早在六億五千萬年前就已經存在，儘管牠們形狀大小各不相同，卻是世界上最成功的生物之一；因為不論在冷凍、過熱的條件下，在大陸板塊飄移重組中，在大滅絕中，在隕石撞擊、捕食者、競爭者甚至是人類的影響下，牠們都活了下來。

　　而且，儘管牠們周圍的生物都演化出尾巴、腳和大腦，學會呼吸和飛翔，水母還是維持著牠們原本的模樣。

　　水母壽命很短，平均只有數個月的生命，這樣短暫的生命週期常被拿來和蝴蝶相比。

　　然而，在目前已經發現燈塔水母和海月水母能透過反復生殖和轉分化達到「不老不死」，就算牠身體撕裂出一個洞，仍會自動癒合；觸鬚遭截斷，組織仍會完美再生，擁有再生的能力。

　　牠們不僅能像《X戰警》裡的「分身人」一樣複製、分身，還能轉變為更年輕的水螅體階段。另外，因著氣候變化、汙染增加，海洋變得越來越酸，許多魚群面臨消失，物種組成正在重新洗牌的狀況下，水母的數量卻正在爆增，並以我們從沒想過的方式順應這些變化。

　　水母的變身能力，再再都給人一種揮不去的神祕感，令人覺得觸摸不到牠的內心世界；尤其那種面對環境變異下的超度適應進而蠶食鯨吞的特質，更令人感到恐懼、抗拒，但又想去親近並瞭解那股蠱惑矛盾的力量。

　　水母型的人就兼備了水母的孤傲與神祕感，不輕易被別人的意見左右，或認同別人的看法；有著自己特異的思考模式，不會尋求社會大眾的瞭解與認同。天賦高的水母型，會想盡科技的方法和蒐集資料，來印證自己的獨有思維；而若是資質一般的水母型，就只會強烈堅持自己的觀點，讓人感覺他非常主觀。

　　他的想法或風格或許較自由激進點，容易超脫世人現有的觀點，雖然私底下相當堅持自我的相信，但至少在表面上仍會隨著大眾所認同的方式維持著。

　　不過隨著世界的多變與時空推展，如果能把其獨特的思想及理念落實，往往可以在人類進化發展的歷程中，寫下創新輝煌的一頁，給予人類無可預知的貢獻。

　　水母型的人，非常實際、邏輯性強，善於從事需要推理和用腦的工作，是天生熱心坦誠的領導者。

「水母型」先天本質補充如下：

（1）直率、果斷，各種活動的領導者。

（2）發展和完成完整的體系去解決機構的問題。

（3）擅長於需要論據和機智的任何事情。

（4）往往很有學識並喜好增加其知識。

（5）易於過度自信，會強於表達自己創見。

（6）喜於長程規劃與目標設定。

水母型的本質運作關鍵：「心像」

水母型的人，思想較不容易被所處的社會規範及文化背景所框住，通常也有著非常豐富的想像力及創造力，對於無法解釋的事情，會尋求自己的相信並設法找出可以說服別人之答案，因此會經常呈現出一種高度求知的好奇心。

有些水母型會去質疑舊架構或挑戰傳統的模式，有些則只是十分堅信自己的觀點與認知，而不輕易接受社會大眾的論點。

16. 章魚型：

在高喊著「唯一不變就是變」的快速變遷年代裡，章魚型的人對這個口號不僅是個信仰者，更是確切的實行家。

他的情緒變化莫測，就像章魚優秀的擬態能力，隨著外在所處的環境而改變身體的顏色，巧妙地融入海底或岩石等場景，還能記下那些形狀，唯妙唯肖的模仿其它動物。

擁有這樣多變之先天本質的章魚型，往往會無法認知自己的真實面貌為何，導致於容易在外在環境的轉變下，內心劇場翻轉好幾種版本、無法自控，不停上演著一幕又一幕讓人難以揣測的變化劇。

由於他一切隨興而發，較不容易有絕對性的自我，因此本質含量高的章魚型，較無法確切的認知自我之定位何在，甚至會有不知道該如何扮演好自己位置的困擾，以至於他的生活容易傾向在不斷扮演著各種不同角色的狀態。

這樣的他，就會以極端強烈的情緒轉化，來爭取別人的關懷。

以正向的角度來看，因為他較沒有明確的自我本位限制，能很快接受新的文化或是融入新的環境中，因此不論到什麼地方會遭遇到什麼樣的突變，總是能比一般人用還

要快的時間將當地或當時新生活，塑造成為自己生命或文化的一部分。

倘若以另一個角度來想，容易造成章魚型的人認為生活本來就是多變而不可測，無從去探討人生的目標與意義，進而僅讓自己過得隨遇而安，有夢卻不敢想。

不過，章魚型的人，大多數具有原創力且才華洋溢，通常對工作有著極大熱忱，溫暖熱情、富想像力、處事靈活變通，在他們的生活中，充滿著各種可能性。往往不遺餘力地追逐璀璨非凡的一生，讓和他在不同人生階段共度歲月的人，也都能找到屬於彼此的繽紛多彩回憶。

「章魚型」先天本質補充如下：

（1）極為熱心、極富朝氣、機敏、富於想像力。

（2）幾乎能夠做他們感興趣的任何事情。

（3）對任何困難都能迅速給出解決辦法。

（4）常常依據自己能力去即席成事，而不是事先準備。

（5）經常能對他們想做的任何事情找到令人信服的理由。

（6）即興執行者。

章魚型的本質運作關鍵：「自我控制」

章魚型的人，所作所為完全由情感來主控，喜怒哀樂均毫無保留的呈現在眾人面前，一點小事就能讓他感動不已，也能讓他因著盛怒而翻臉不認人，所以在自我控制的能力上會較微弱，喜愛追逐感官的享樂與刺激。

和墨魚型一樣，會不自覺去追尋人生中較快樂美好的一面，喜歡藉由外物來轉移目標或麻醉自己，有時不願去主動面對生活的現實面。

喜愛新奇多變的他，很難克制自己不去享受眼前的愉悅，因此與灰鯖鯊型一樣，有較高的傾向會去嘗試一般人不會去做的短暫感官享樂行為。

此外，崇尚電光石火般激情的他，在兩性關係中也容易發展出一見鍾情的戀情，其熱烈和投入的程度是讓人感到無所匹敵的；無時無刻不掛念著對方，想知道對方的一舉一動，期盼自己在情感上付出多少，對方也應該要付出和他同等量的熱情。

在工作上的追求與原動力，會需要很多的讚賞和肯定，一旦失去了這份激賞，對工作的熱忱也會急驟地消失殆盡。得學習多用理智來思考及做判斷，否則變通的天性會不自覺地讓其憑衝動行事，無法考量到自我未來的整體發展。

後記

天賦評量諮商個案小集

16型天賦本質的奧祕

　　生命之路就像一趟攀登高峰的旅程，任何人的開始都是從山底準備，經歷了童年、青少年時期以及成年期的攀登，面對一段又一段啟動與探索的階段，這當中包含了勇於認清與改進自我的缺點、真誠欣賞與分享自我的優點。

　　有人會在艱難的攀登過程中感到難以渡過進而沮喪或退縮，但是他們忘了生命本身最大的禮物就藏在：我們的願意及堅持會更加鍛鍊與強化自我心志力量。

　　攀登的路徑上充滿了危機與困境，卻也擁有著歡樂與驚喜，常常在某些時候路徑是清楚而明確的，卻在下一刻的轉彎點邁入意料之外；甚或也得經常面對十字路口上的重大抉擇：選擇向上發展或隨波逐流，決定冒險一試還是停留一賭。每條路徑其實都有它的挑戰，而每一次的挑戰都會獲得難得的經驗，在所有經驗的積累就是攀向高峰之引導。

　　然而，卻有許多人就困在經驗積累的盲點裡，在走不完的層層險阻中，早已澆熄那股渴望眺望生命美景的初心。所以，明白自己的能量準則是至為關鍵！

　　來自先天的16型天賦本質，可以顯示出構成個人生命路徑的特定能量準則。

　　它就是我們拿在手上的攀登地圖，不只可以引領我們前進，更讓我們得以清楚方向，進而找尋到前往生命高峰的路徑。然而要如何運用天賦本質所蘊存的潛能，完全取決在自己，天賦發揮程度將決定於我們如何回應路徑中所遭遇的挑戰。

　　我們擁有選擇的自由意志，要怎麼爬以及我們什麼時候去爬都操之在我，沒有任何一個人的生命路徑比他人要困難或簡單、要幸福或不幸，全部都取決在於你的定義。

　　這套系統也許能幫助你釐清自己的生命道路，但你要選擇運用什麼紀律與信念，決定權都在你自己手上。另外再提醒讀者兩點：「標籤化的危險」與「其它腦域區的變化」。

　　關於「標籤化的危險」：當你以尊重的態度深入天賦本質時，它可以幫助我們和他人盤點過往的經驗與未知的潛能。但是就速食社會來說，我們習慣抄捷徑，期待簡化複雜的議題，以便能迅速理解其含義，將天賦本質中的阻礙化成自己框架的理由。

　　千萬記住：天賦本質只是引領我們了解關鍵難題和發現天賦的地圖，只有我們可以用自己走來的路去證明我們是誰。

　　同時，關於「其它腦域區的變化」的提點，就要回到本書第二步的第二節──紙上的基因密碼藏些什麼之內

容：「指頭上的指紋交叉比對的複雜度是很可觀的，又加上指紋類型在近代的研究中增加了十種（目前統計共有二十一種指紋類型），同時分配在四個不同指端的變化，就已經擁有10,000～194,481種先天本質型態。」所以，在本書中先教大家做基礎歸類學習。

換個角度來思考，就算你和他人所屬在本書中同一類型之天賦本質，卻也可能因著其他指端對應的紋型不同，進而產生出本質在延伸面的差異化。

只有當我們認清標籤和類型的使用差異，才能有效地運用它們。就像所有山嶽都很相似，因為它們都有共通的特質，但是風、水、地層運動和時間對每座山的影響力都不盡相同，因此世上沒有任何一座山是完全一樣的；所以除了其它指端的對應、基因遺傳不同外，彼此的性別、社經背景、文化經驗、外表價值、原生關係、信仰以及嗜好等都會影響到各自生命歷程的變化。

然而，本質具備了不變的定律，要真正對它能通盤了解，就要在對內觀察下，同步進行對外訴求。

我們都知道必須了解自己，才能超越自己。當我們探索著自己的心理暗盒時，會找到閃亮的靈思。可是如果我們只迷戀在那個賞心悅目的閃亮喜悅中，執著於陷自我裡，不也等於畫地自限。自我認知並不是終點，而是一個開端，使我們可以更深入自己，並超越自己。

　　本書所談的精神法則都服膺於「生命」之下，分析與自省的系統往往使人們用理智的思維來觀察自己，然而若喪失了生命所存有的愛及仁慈，失去了心靈智慧，那麼任何方法都將無效。

　　有鑑於此，欣微將「皮紋心理學」協同他人在兒童天賦、青少年學涯、成人職涯、職能發展、接班訓練、人際關係、職場、兩性與親子間的深層溝通，二十年來橫跨全球，有數百萬人因著這份專業，重塑生命價值，活出天命。

　　書末就以收集至個人部落格的點滴故事小集做為結尾，衷心希望讀者能善用所學，研讀這套系統、加以活運實現，拓展到人類福祉的追求之上，明白自己生命軌道上的最大可能。

　　深信：帶著欣然微笑來體驗天命，因為想有所為、永遠不嫌遲。

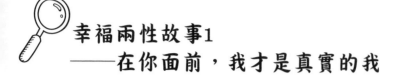

幸福兩性故事1
——在你面前，我才是真實的我

　　在親密關係裡，一個人會被什麼樣的人吸引以及之後的維護，跟從小成長的背景有著深厚關係。所以，不管過去受了什麼傷，天下最好的治療者就是自己的愛人。

　　"I love you not because of who you are，but because of who I am when I am with you."

　　這句愛情箴言，是我所聽過最動人的精典。它，道足了多少熱戀情侶間的最美時刻。

　　然而，這份最初的最美，卻往往成了最終的最痛。最初情意綿綿的「志趣相投」，成了最終垂死掙扎的「性格不合」。

　　所以，常常有人問我，如何找到「性格相近」那個對的伴呢?!

　　其實，「性格相近」也可能讓彼此在時間的磨轉下，久了、沒有激情，甚至兩個人一吵起來，還能刀刀戳中對方的痛處，讓人窒息。

　　哇，既然「性格不合」與「性格相近」都不適合，那麼什麼才是最適合自己的真命天子（女）？

性格原因不是親密關係變質的關鍵

美國心理學家紐加姆曾做過一個著名的心理學實驗，去證實若一個人在「性格相近」的群體裡生活，就愈容易獲得更強的安全感和歸屬感，因為人都是活在關係中。相對的，若在親密關係裡，兩個人的「性格相近」，就會在對方身上看見自己的模樣，進而產生更深層的交融與吸納，這種相處共生的感覺，會讓彼此都更完滿。

同時，心理學家榮格也提出了因「性格不同」而產生出來的互補定律，這樣的互補因素有利於增進人與人間的協調，讓彼此達到各己需求上的滿足，也讓一個群體更多進步。相對的，若在親密關係裡，兩個人的「性格不同」，就會在對方身上看見自己所沒有的部分，進而產生出在需要上的互補關係，這樣的相吸共存感受，讓關係更堅定。

換句話說，「性格不同」與「性格相近」都能滋養我們的親密關係。因此，性格原因，就不盡然是親密關係變質的關鍵。

所以，不論另一半與你性格相近或互補，都需要透過往後相處的日子不斷磨合與調整，因為選擇只是親密關係的開始。

其實，從生理學的角度也可以發現，隨著愛情來臨的多巴胺消逝，激情也會轉變成平靜，沒有永遠激情不散的愛情，只有明白另一半內在對愛的渴望模樣，才能支撐戀情長久。

性格認識卻是親密關係滋養的要素

那麼，如何去判斷另一半內在對愛的渴望模樣？

前些時候，在我的諮商生涯裡出現了一對夫妻，老公嚴肅表情、僵直化的思考對話，老婆熱情又時髦知性的打扮，如果不是預先透過先天本質分析所透露出的基因報告，真的容易讓一般人錯估他們在性格上的特點，進而得花上更多的時間，盤旋在框架提問裡，但結果卻相當有限。

老公的感性，讓生活增添活性；老婆的務實，認真而紮實。然而，在分開的評量諮商過程裡，兩人不約而同都提到了「禮物」。

老婆說：

「老師，我這個老公很不踏實。您知道他這次結婚紀念日送我什麼嗎？一個純金做的玫瑰花。那樣的玫瑰花能做什麼，一點都不實用，放在公司沒有幾天，就被偷走。」

老公說：

「我真的很感謝我老婆，她為我改變很多。知道我重視生日，所以都會記得送我禮物。但是，老師，您如果經常都收到襪子幾雙、香煙數條。您覺得這會有驚喜嗎？」

感性的老公，工作繁忙之餘，不但記得彼此特別的日子，還用心去訂製一份代表永恆的禮物。這，是他的愛。

務實的老婆，是個職業婦女，量入為出的精打細算，讓她更有家的安全感。給予對方生活實際的物質需要，是她渴望的愛。

兩個人，深愛對方，把自己以為並渴望的愛給出去。卻沒想到本質延伸出來的性格差異，讓兩人從對禮物的認知到生活所有相處細節，從激情轉化成相敬如冰。

其實，每一個人內在對愛的渴望模樣，真的不一樣。光從「禮物」來探討，就至少分成物質派、浪漫派、務實派、心靈派。

您身邊的那一個他或她，到底是個怎麼樣的他（她）呢？

要找到真愛，需要讓自己先成為對的人

因此，愛情對象要找性格相近還是互補的，不是多大的問題。而是你到底要什麼樣的親密關係？如何滿足對方

內在對愛的渴望？如何透過這份關係，協助雙方都能發展自己性格的餘地？

這世上沒有愛情的絕對方程式，就算現在還處在兩情相悅的美好無猜裡，也不代表這份親密關係仍在滋養、毫無窒息。

如果，你已經在千千萬萬的人海裡，遇到一個相愛的人，那麼讓彼此融合在對方的生命裡，珍惜這份沒有早一步也沒有晚一步的奇蹟。

如果，你還在找那個屬於你的真命天子（女），那麼別忘了讓自己成為那個對的人。這樣，你遇見真愛的幾率就會大大上升。

多提升內在素養，多鍛鍊身體本錢，多見識廣闊世界，讓自己經濟能力足以回饋這個社會，成為一個更完整的自己。因為唯有這樣的你（妳），才能吸引對的他（她）出現在你（妳）面前，一起享受這份親密關係所帶來的真實自我。

幸福兩性故事2
——兩性溝通，良性對話

很愛料理的自己，最奢侈的幸福，就是能在繁忙的整天工作後，還能趕到黃昏市場去備料、採買，為最親愛的小情人準備豐盛晚餐。

住家附近的幾個黃昏市場，麻雀雖小、五臟俱全，而且擁有不同風格的美食區，同時都規劃得井然有序。尤其在傍晚的時段，更是人往車來、絡繹不絕。

這麼一天，結束工作的自己，就往其中一家的黃昏市場報到，一樣的熟悉節奏，卻發生不一樣的陌生難忘……

一觸即發的情緒爆點

一踏進市場，迎面就看見孩子欽點的首選雞肉。

「老闆，我要一隻全雞。麻煩幫我切盤喔！」

耳邊聽著老闆親切的應諾聲，眼睛同步環顧下一個要搶進的攤點，掩不住的幸福感搭配著人聲鼎沸，昇華到最高點。

直到付完帳，拿到整塊沒有切的雞肉時，頓時傻掉。趕緊再次拜託老闆幫忙處理。

老闆聽到後，除了跟我抱歉外，然後就對著老闆娘興師問罪：

「妳到底在幹嘛，妳應該要做的事，為什麼總是沒做好？」

老闆娘無辜的回話：

「不過是沒聽到你說要切，這有什麼好大驚小怪的？」

聽完老闆娘的回應，老闆更氣急敗壞的說：

「什麼？客人就在我們前面說的，還要聽我的交待啊？妳會不會做事情啊？」

老闆責備的口吻，讓老闆娘氣到說：

「是你應該說清楚的，不然你這麼會做事情，怎麼不自己來切？」

眼前的這兩個人突然開始吵起來，幾乎吵得一發不可收拾，我想要勸架，隔壁攤位的小姐，悄悄的跟我說，這是他們夫妻間習慣的溝通方式。

連我離開後，還是可以在遠處看見他們用憤怒的表情來對待彼此關係。

如何打破僵局，重建關係

人與人間，越親近的關係，衝突磨擦越難免，尤其是親密關係間的認知不同，若加上工作節奏的緊繃，情緒更是難以轉移、掌控。在大吵小吵後，不乏冷戰、積怨、責怪等狀況。然而如何在吵架之後，還可以打開僵局，重建關係呢？

良性對話，真的很重要。

在進行良性對話前，首先需要雙方有人願意練習打破過去存在彼此間習慣性的僵局。閉眼回想屬於彼此間相愛的最初，然後帶著這份感動，大聲跟另外一半說出感謝或欣賞的事，說到彼此都不氣為止。

還有個很有果效的非語言溝通法，就是從背後擁抱另外一半，其間不要說話，這會使彼此暴躁的情緒立即平緩。如果，還可以配合上適度撒嬌，效果會更加倍。

停、看、聽，再來進行「良性對話」

「停」止自己與最愛間一爆即發的負向情緒連結。

「看」見潛藏在彼此間最珍貴的不變最初。

透過深度傾「聽」，讓這趟靈性之旅，成就彼此。

然而，如何進行？如何讓彼此重歸於好呢？

就要認識良性對話的三個步驟：

一、傾聽，二、道歉，三、發現並找出吵架的根源問題。

接著下來，讓我們來談談這三個方法該如何進行。

一、關於「傾聽」：

先讓彼此停下這份惡質情緒，不辯護也不打斷對方的話，岔開話題或離開現場。同時嘗試換個角度，用對方的眼光看事情，這會使彼此間的溝通氛圍重塑，有溝才能有通。

二、關於「道歉」：

1.先認同並接受另一半的感受。

2.看出自己的錯誤，並具體說出對方在意的地方。

3.表述自己當下情緒的難受，澄清不是故意的。

4.用「我」為語意出發點，詮釋事件發生的起因。

5.再次找出並肯定對方的優點，修復關係。

三、關於「發現」：

抽離並覺察自我情緒，接受不完美的自己，同時讓另一半清楚知道他對你的重要；不斷傾聽，全然接納，讓彼此的發現成為關係成長的養分。

良性對話小叮嚀：

1.若對方暫時不想談，就要給予彼此足夠的情緒空洞
 期。

2.不要證明誰對誰錯，更不要去翻過去舊帳。

3.運用優質的對話技巧。

　例：「你應該」可以轉化成「你可以」或「我希
望」，「總是」可以轉化成「有些時候」。

　我們的語言，擁有實踐力量，是我們能量轉移最重要
的載體媒介。每一天、每一刻，我們對自己說的話，會成
就我們能成為什麼樣的人。而我們對他人說的話，不是成
為他人的祝福、就會是詛咒，這絕對是我們能掌控與修練
的。

　優質的對話技巧需要反復練習，我總相信好的對話方
式，是份對生命的態度，因為一旦功夫練成，你的語言就
能成為自己與更多人的幫助，而身邊的人也會因為你的存
在而感到幸福。

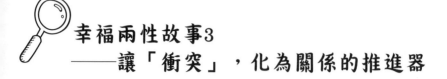

幸福兩性故事3
——讓「衝突」，化為關係的推進器

　　惠惠第一次來見我時，無助的神情下藏不住內心的焦急，開口第一句話就說：「老師，我真的不知道該怎麼辦？」

　　說完，眼淚如打開水龍頭般直流，惠惠是因為兒子和先生間發生了嚴重衝突，所以才在學校老師的勸說下，陪同兒子小翔前來諮商。

　　單獨隔離和小翔對話的過程裡，發現小翔只要談到父母，口吻中的不屑與抱怨特別的多……

　　「我又沒什麼問題，為什麼我要來心理諮商？是那兩個老頭子才有心理問題，他們才要來諮商啦！」

　　這是小翔與我對話的第一句，對話不到五分鐘，所有直接而忿恨的詞彙，接踵而至，順著孩子的先天性格，開始建立與他的互信關係。

　　逐漸，孩子開始跟我談到對父母的不滿。

未來世界的教養衝突

「我在line裡，開玩笑的叫了一個朋友，老婆。他們就大驚小怪，還偷看我的東西，活在這個家，完全沒有人權，他們管太多了。」

不僅不認同父母所言，還開始邊緣行為，而這些行為正是小翔父母所擔心的。然而關係出現了如此大的裂縫，必有其原因，和小翔談過，便邀請惠惠對話。

惠惠說：「小翔的爸爸脾氣很不好，孩子一不順著他，他就會直接用棍子修理孩子。但是隨著孩子長大、自主意識抬頭，權威壓不過孩子，就會越打越兇，而且控制不住的猛打，上一次孩子受不了，就和他爸爸發生肢體衝突。現在，他更是情緒化的對待小翔所有行為，同時小翔為了躲避和爸爸的互動，開始會逃家。周遭的朋友要我打家暴專線去保護孩子，學校老師要我跟小翔父親做溝通，但是孩子的爸爸知道後，卻要孩子休學，不要繼續再讀這個學校。老師，我該怎麼辦？孩子的爸爸根本無法溝通啊！」

類似的教養衝突個案，近幾年來，不斷增加。為了協助個案看見背後隱藏的深層問題，帶領惠惠從孩子的行為偏差起步，展開這段先天性格差異化的心理發現。

用不一樣的眼光去重見衝突

我問惠惠：「先生這次是因為什麼原因和孩子發生衝突呢？」

惠惠回答我：「嗯，起因是因為孩子的成績，他這次考得很差，很多科拿個位數，孩子的爸爸就很生氣，他跟孩子說，你怎麼笨得跟個豬一樣，我讓你讀私立學校，學費這麼貴，考這麼差，還交了一堆阿貓阿狗朋友，我看你這輩子沒有用了啦！」

看著惠惠只要一談到先生就展開那種無力神情，一口咬定，主觀認為是先生的話引發這場戰爭。所以，我開始釐清在這次的父子衝突中，惠惠扮演什麼樣的位置。

其中有一段話讓我印象深刻，惠惠說：「孩子的爸爸老說我太疼小翔，他說孩子今天會變成這樣，都是我寵壞的，但是他每次口說惡語，還打孩子打成那樣，我覺得他才有問題。」

一個先天本質務實型的爸爸配合上重感覺的媽媽，在面對孩子教養上的不同看見，讓彼此對孩子最深的愛，對不上頻道，還產生親子關係上的磨擦與衝突，更影響了惠惠和先生間的親密關係。

關係先建立，問題才得以解決，所以帶領惠惠進入和先生的關係裡，用不一樣的眼光去看見彼此不同的需要，

重新定義先生和自己的所有行為，讓關係回到愛的氛圍裡。

每一個衝突的發生，必有美意

　　永遠記得惠惠離開前眼眶泛淚的模樣，記得她　的一段話：「我和先生其實都很愛孩子，可是生了他之後，我們的關係就開始變了。沒有生孩子之前，我們非常恩愛，也很能包容欣賞彼此，但有了小孩後，我們時常爭吵，在孩子面前也吵不停，我知道這樣是不好的榜樣，有時我很自責，也會反省：難道這一切都是我造成的嗎？但自責也沒用，每當先生批評我的時候，我就會忍不住批評回去，所以我們的關係就存在著大量的質疑與反擊。老師，謝謝您，讓我看見問題背後的問題，也謝謝您讓我了解如何化這個問題為生命的禮物。」

　　我們每個人身上都有一本愛的存摺，這本愛的存摺很特殊，你匯給對方多少，就會存進自己身上多少。

　　同時，別忘了，除了經常為彼此儲蓄這份愛，更要用心去看見什麼是對方本質上所需要、所渴望的「愛的模樣」。

　　人生中有許多必修的學分，只要我們願意打開內在覺察心，就能在每一個事件的衝突裡，發現上天要給我們的智慧。

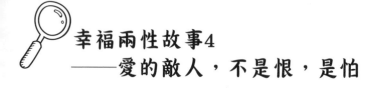

幸福兩性故事4
——愛的敵人，不是恨，是怕

「老師，他變了，不再愛我，還要走下去嗎？」

站在眼前的小涵，是個熱情如火的造型師，獨具匠心的審美眼光，總讓經手的個體，能夠在她的巧手下，展現出最完美的自己。

記得第一次見到她時，就被她的開朗笑聲吸引著，微臃身軀卻依然擋不住她與生俱有的好氣質。她，喜愛分享又幽默詼諧，經常扮演著身邊好友的開心果，這樣的待人熱度，更讓她在自己經營的造型產業上，有著屬於她的獨特風采與人際魅力。

想婚又恐婚的矛盾

想婚的她，身邊總不乏許多追求者，經歷了無數段的親密關係，總在論及婚嫁的最後一刻，她能找到一個簡單的理由，選擇和對方分手。表面上是發現彼此在性格上的相處問題，而實際上是她不由自主的恐婚心理所造成的。

這樣恐懼婚姻的個案不在少數，但是一般的個案是因為恐婚而不想結婚，然而小涵卻是一個極端矛盾的狀態，

156

恐婚卻想結婚。

　　為了這個問題，這五年，看過心理師，也聽從身邊朋友的建議，擁有虔誠的宗教信仰，但是依然在感情的這條路上漂泊著，依然在恐懼與渴望婚姻中搖擺著。

　　我問她：「為何會覺得他不再愛你了呢？」

　　她說：「我身體長了一顆腫瘤，去動了一個大手術，現在還是休養期，他都沒有主動打電話來關心我。雖然我知道他很忙，最近家裡也發生點事，但是我就是覺得不被關心。」

　　我再問：「妳有跟他說這個感受嗎？」

　　她回答：「有啊，我有打電話給他，跟他聊我的感受，但是沒有用。」

　　「或許也是因為我們講好我打電話給他，不用花錢，所以我們交往中，都是我打電話給他。」

　　聽著小涵開始在自問自答中找答案，最後還是跑回自己的懷疑與不信任裡。開始協助她透過先天本質上的差異，找到這段親密關係的神秘禮物，陪伴著她在這一次的事件裡，下對定義。

　　漸漸地，再次聽到她開朗的豁然笑聲，慢慢地，她告訴了我一段來自童年的記憶。

無法轉化的恐婚心理

原來，從小在原生家庭中，她經常得面對在父母爭吵、廝打下的恐懼裡，而且任憑她在一旁驚恐的哭到聲嘶力竭，永遠也無法阻止父母親停止對彼此的傷害。

終於，隨著她的年齡增長，隨著她能選擇到外縣市念書，得以成功逃離這個讓她充滿痛苦、無助、恐懼的家。

現在的她已經40歲了，擁有一個得以發揮的工作與穩定收入，唯一的缺憾，就是希望有個家，希望能找到共渡下半輩子的另外一半，希望擁有兩人的寶貝，共組一個過去從來沒有享受過的溫暖味道。

「老師，大家都說我是對未來的無知，所以才會這麼害怕。於是我上了許多親密關係的經營課程，我也見證了朋友們的美滿婚姻，但是我就是不明白自己為什麼只要一到那一刻，我就是害怕到會放棄？」

聽著她闡述著對過往幾段感情的經歷後，明白小涵在每個階段都真心愛著對方，也相信婚姻可以經營，但是就是無法轉化這份又愛又怕的恐婚心理，最終都走向痛心難受的結局，她真的不知道該怎麼辦?!

要處理恐婚心理，就得先了解這樣對未來的恐懼，到底如何產生的？

　　其實，一個人對未來的無知，是不會產生這麼大的恐懼。因為就算未來會痛苦，但是若沒有過去的直接或間接體驗，是不會對應到那麼痛苦，更不可能會產生恐懼的。所以，很明顯小涵是典型的恐婚心理，是由原生家庭帶來的痛苦婚姻所導致。

　　當然，不是每個父母婚姻不平衡的子女都有這樣的恐婚心理。人的心理發展除了後天狀態的原素外，還有先天本質上的因素會影響。

　　透過先天本質的評量後，發現小涵在本質上的先天型態，會將過去痛苦經歷隱藏、害怕再次失敗，容易懷疑自己，也容易缺乏安全感。所以只要對方有稍微不如己意的狀態發生，就會打退堂鼓，就會不斷挑剔對方，造成彼此關係緊繃。

如何愛上這份懼怕

　　其實，這份挑剔不是指向對方的，而是直射小涵自己，是她內心恐懼所造成對自己的不信任。

　　那麼，到底該怎麼做呢？如何去消除自己這份害怕呢？

　　事實上，任何物質不會只帶來一個面向，有懼就有悅，婚姻所帶來的悅，是由滿溢的愛所組織而成。要去經

驗愛，就得不要怕，因為怕和愛是兩個極端。

　　人們以為愛的相反就是恨，那是錯的，愛和恨是同一種能量，可以互相轉移，甚至可以互補，所以我們所愛和所恨的人，可以是同一個人。但是，愛和怕是對立的，如果過分執著害怕，愛就會消失。

　　當一個人越是正視在恐懼上，想要戰勝它，就會停留在這份執著的怕裡，越怕就越麻痺，越麻痺就越怕，那是一個惡性循環。只有愛能使一個人充滿能量、富有且飽滿，只有愛可以幫助我們放鬆去生活，並且給我們勇氣以不同的方式去經驗人生，也只有它能給我們人生的幸福，是生命的所有色彩。

　　所以，讓自己先吸收更多的愛，用愛來代替害怕。專注在這份愛的喜悅裡，用健康正向的內在對話，相信自己、相信即將到來的美好。

　　再來，想想生命裡的自由與無限，不要想無所輕重的瑣碎。因為愛只會想廣大的事情，它準備犧牲一切，準備同老鷹般逆風飛翔的活在這趟無回人生，去感受從來沒有經歷過的一切。

　　其實，就算妳找到完美的男人，而他沒有找到完美的女人，你們的愛情也很難持久，而他的完美，也不會是妳的適合。因此，在妳找到最適合的另一半時，讓自己也成為另一半未來的最適合。

　　不斷的提昇自己內蘊，進而由內而外的形塑自己的外養，有內外兼具的靈性，會讓萬有宇宙的力量為妳造工。打開心的妳，就會發現原來所有的歷程，只為讓妳成就一個更高的智慧，儲蓄更豐沛的幸福能量。

幸福兩性故事5——滋養的親密關係，是存在、不是關係

對親密關係的渴求，似乎在每個人的無意識深處，都在尋找一個具有特殊印記的那個他。

那是一份來自孩提時代就留下來的潛藏欲望吧！也因為如此，總導致每段關係走上不同的路。

小菁，是家中唯一的女孩，從小就在父母疼愛、兄長保護下長大。母親是一家企業的創辦者，工作佔據她大半時間，所以在小菁有印象以來，都是和公務員的父親一起渡過珍貴童年。

父親愛電影、愛咖啡，對美學獨鍾、喜歡生命的自由，在50年代那個封閉的小村落，打破許多框架。尤其父親對母親的愛，是自由的，沒有控制、鮮少要求，讓彼此都能發展在自己個性的餘地，是人人口中的神仙眷侶。

在這樣環境成長的小菁，看見父母關係中的自在，對婚姻充滿期待，大學一畢業，就在學長的積極追求下，選擇共組家庭。

然而，小菁的先生，是個獨子。父親是高官，母親是賢內助，一生都在相夫教子，是個標準重男輕女的傳統家庭。這個家，對於新嫁媳婦有一定的要求。

當這份要求充滿在婚姻關係裡時，對於小菁，再也聞不到愛的芬芳，有期望就有挫折，婚姻關係，變成了一份枷鎖。

同時，小菁的新思維在婆媳關係上，不由自主變成爭奪權力的奮鬥，雙方都努力想支配對方。就在小菁生了孩子後，長期的隱藏情　突爆，選擇離婚。

離婚後的小菁，又歷經了幾份親密關係，每次都用歌頌、歡舞的心來迎接它，然而最終都在無法呼吸的枷鎖上結束。

明明如此期待，卻又無法結果。每段親密關係的銘心刻骨，磨練得她不再相信自己了。

「老師，為何不能擁有自在的婚姻關係呢？」

親愛的，其實不是婚姻問題，而是彼此對「愛」與「關係」的定義。愛，可以是關係，也可以僅是一種存在。

存在，是愛的本質，意味著你只是愛，什麼都不要求，只是分享，所以滋養。然而人性帶來的恐懼，害怕所愛會離開，將關係套在所愛之上，很微妙的產生奴役心理。

要享受存在的愛、享受永遠滋養，就要先認識親密關係的四個境界。

第一個境界是現實層面的交流。

他和她結婚了，給予彼此在行為上的自由，有的就是性和身體的交流，遇到困難相互幫助，依附著實務面的需要，平淡而真實。

第二層次是情感層面的交流。

能夠享受在給予的幸福裡，疲累了給溫暖，受委屈給撫慰，受挫折給支持，能在情感上有所連接，增添彼此在精神能量的生命力。

第三層次是心理層面的交流。

有共同價值觀、相互依賴。清楚先天本質的差異，讓雙方都能有發展自己個性的餘地，或許在專業上你吵我嚷，但是還能共同進步，幫助彼此找到自己。

第四層次是靈性層面的交流。

雙方在心的自由上，超越限制、超越傳統、沒有恐懼、不帶評斷、無條件的靈魂之愛，連結在高意識的覺知裡，是一份回到家的未來之愛。

其實，親密關係就是一趟探索自我的旅程。我們愛上哪一類型的人，就可以檢視正處在的心靈狀態。

你可以停留在事情表面上去努力，為你的愛做很多事，但是這份愛卻帶有不自覺的期待、壓力和束縛。唯有當你放棄了舊有的把愛當成是一種關係的想法，你才能處於一種愛的狀態。

愛，是以一種自然的型態來到，不是因為你的任何努力。如果一直害怕它消失，那麼你就無法真正接受它。它以什麼方式來，就以什麼方式去。

如果你願意做得更多，讓愛更進一層，去認識對方的先天本質、挖掘隱藏的自己，才能享受在親密關係的永恆裡。

幸福兩性故事6——已成為習慣的關係，是幸福、還是偽幸福？

　　諮商室走進一個樣貌清秀可人的女孩，正值花樣年華的她，好多天吃不下、睡不著，整個靈魂像是被掏空般的被母親帶到我面前。

　　隔離諮商的過程中，逐步從女孩泣不成聲的話語裡，了解她真實的現況與問題；原來女孩與一位男孩從學生時代開始交往，已經10多年的深厚情感了。前幾天，一場口角，選擇了分手。

　　女孩說：「我好害怕再碰到他，還有我們共同的朋友一定會用奇怪的眼神來看我，我真的好失敗、好恐懼。」

　　講完這段話的她，情緒整個宣洩出來，看來，這個孩子壓抑一段時間了。

　　緊接著，女孩問我：「老師，我到底該怎麼做才能挽回這段感情，我真的花了很多心思經營我們的關係，為了他，我做了很多改變，我現在從事的工作，也都是因為他喜歡，我才從事的。這麼多年來，我的朋友少了，也忽略了家人，可是也因為這樣，我們分手了。」

　　原來，男友重視朋友，常常因為男友和朋友聚會的事發生激烈爭執。這次的導火線是在他們相識的紀念日，因

為充滿期待的她，一個月前就告訴男友要一起晚餐，但是男友不但忘了，而且還完全無所謂的模樣，讓她感覺沒有把她擺在第一位，兩人大吵起來。最後，男友提出分手要求。

「老師，我真的不懂，我有求他，還跟他保證我一定會改，可是……」看著眼前的女孩被泣聲淹沒的尾音，我的心不自覺揪了起來。

愛情，能讓人歡舞，也讓人改變。當愛來臨時，墜入情網中的兩個人，他們不需要宣佈，你就可以在他們眼中看出有一個新的深度在崛起，從他們臉上看出有一種新的美，他們的走路當中就有一種微妙的雀躍。

愛情，總是有某種瘋狂般的理性。這份理性使人快樂，也使我們的人生變成一首音樂，讓我們內在的花朵綻放開來……生命，立即改變。

然而，當人們感覺這樣曾經讓自己既瘋狂又歡舞的愛消逝時，會變得魯鈍、不再優雅、不再漂亮，人生似乎僅剩悲劇。

事實上，愛，不會消逝，永遠存在，因為它是一個人生命裡面最大的治療力。

所以，這份愛曾經填補女孩過往在親密關係中缺乏被愛的需要。從擁有到突然失去，難免讓她變得空虛和不完整。整個人像是洩氣的氣球，完全沒有生命力。

該如何平衡她對「擁有」與「失去」間的遼闊定義，點燃這份生命的未來渴盼？只有啟動女孩與生俱來的內在力量。

　　透過先天基因的協同探索，發現女孩容易缺乏對自我的肯定感，容易在隨從社會裡，將自我建立在他人身上，所以，就以這份早已握在女孩手上的先天本質報告為導引媒介。

　　我問了女孩：「報告中顯示出妳很重視他人的感受，所以容易對自我的肯定感缺乏自信，是這樣嗎？」

　　看著女孩沉靜下來思考的模樣，我知道她的內在開始真實地運轉，終於，她說：「嗯，老師，我從小功課就不太好，加上我是老大，媽媽對我比較嚴厲，所以我不會像妹妹一樣撒嬌，更不像弟弟老是拿前三名，爸爸的事業很忙，經常出差，根本很少跟爸爸講到話，我對自己真的很沒自信。」

　　聽著女孩開始嘗試打開並挖掘自己，我的內心不自覺為她喝采，加油，因為你越接近自己的內在，越有機會找到自己。

　　果然，女孩告訴我：「老師，其實我從小到大都好希望有人可以肯定我，好渴望有人可以給我愛，所以這份感情，我真的很用心投入也有很大的期盼；很怕這份愛不見，所以只要他不在我身邊，我就會很沒有安全感。」

愛與被愛，真的是人生中最大的智慧。

愛，本身的價值，就在於它沒有目的、沒有意義，因為你不能證明為什麼你要愛，甚至愛的本身根本沒有任何合理的答案。然而也唯有沒有原因的去愛，才能經驗一個人內在最美的空間。

我問了女孩：「妳在這份愛裡，真的快樂嗎？」

只見女孩帶著納悶的眼神回答我：「越來越不快樂。」

我再繼續問她：「那麼，妳為什麼會希望這樣關係再繼續下去呢？」

這個問話，似乎打中女孩的心，只見她眉頭再鎖，深深嘆了口氣，告訴我說：「老師，我好害怕別人眼光，我付出這麼多，好害怕失去、害怕改變。」

其實，這趟單程人生中，除了「變」是不變以外，每一件事都在變。

所以，我再問女孩：「妳可以跟我分享這份愛讓妳獲得什麼？為何會讓妳害怕失去呢？」

只見女孩在悲傷的表情下，帶點閃爍的光，告訴我：「它曾經讓我快樂、讓我幸福，讓我覺得自己被值得。」講到這裡，突然臉一黯說：「但是，後來相處時間久了，似乎什麼都是應該的，似乎不再有新鮮感，似乎彼此都各過各的，一切都變了。」

「所以，你們再這樣持續下去，是不是可能只會得到一個虛幻的永恆？這樣的偽幸福，是妳要的嗎？」我對女孩說。

　　「老師，我只是想找回原來的幸福，但是好像永遠找不回來了。」女孩的語氣，從原來的悲痛轉成平淡。

　　再次透過女孩的先天本質報告，讓她去明白在這份親密關係裡，從獲得中所填補的完整，帶領她去看見改變後的美好。

　　因為，那些跟改變人生維持融洽關係的人，就是懂快樂懂得最多的人。看著女孩感動落淚的快樂，聽著她開始和我談未來的生涯，那個生命是多麼的活生生。

　　已成為習慣的關係，是幸福、還是偽幸福？

　　我想，在每個不同個體交集裡，沒有絕對的答案。只有明白愛本身所具備的價值，享受在那份沒有目的的「變」裡，愛上你的生活，因為生活的每一片刻都在改變。

　　人生是流動的，愛也是流動的。讓習慣的愛，不停止的流動，才有滋養、才能雀躍、才是幸福。去愛，去快樂，愛是最大治療力，愛就是生命的本身。

幸福職場故事1
——企業潛藏的問號後的問號

近來承接的企業顧問案越來越富挑戰性，幾乎都是產值正在大幅度成長的台灣奇蹟。看著業主跨足全球的超越視野，我何其有幸，參與在這份見證的改變中。這趟教學相長的豐碩，增添教練工作的精彩。

潛藏互踢皮球的企業文化

前些時候，一位企業主來找我，希望我能幫忙他們規劃一場訓練。他告訴我，公司各部門間的隔閡很嚴重，有甚麼問題時，幾個部門互踢皮球、推卸責任。

採購部抱怨為公司辛苦的把關預算，找到價格較低的物件，卻常被工程部嫌惡。業務部總說好不容易將客戶的單接下來，研發部卻挑三撿四的說，辦不到。

這個問題是許多公司的老故事，依據經驗法則，組織內部的衝突，往往與管理的核心機制有關係。

透過一連串的深層提問後，他告訴我，過去有請其他顧問來協助，並且調整了原有的組織分工流程與獎勵機制。依據核心商業目的來整合管理，沒有局部優化的困擾，但是生產力與整體績效依然不盡理想。

他聽說，市面上有一些團隊凝聚的講座或是活動，也聽到其他企業主好友分享我的課程能做到深度凝聚、快速改變，希望我可以為他們量身訂做一套適合的訓練，讓他們部門間多年糾葛的心結化解下來，多點體諒、正面思考，共同為公司長遠目標而努力。

魅力領導依然敵不過……知道，卻做不到

「張老師，沒有預算問題，我相信您辦得到。」

聽到業主這句高度信任的委託，讓我感到異常驚訝，一個積累在該企業長存的文化，過去也請了資深顧問來深度處理，依然無法達到業主期待的目標。那麼，他又為何如此信任我呢？

正當我抱著滿懷疑惑，同時思考著是否要接下這個會耗費許多能量的個案時，業主卻開始和我分享創業的最初動機與他的生命故事。這一談，倒是吸引我這個好奇寶寶的天性。忍不住邀請他先為自己做一份先天本質評量。

果不其然，他是個以人為本、滿懷使命的領導人，心思敏銳、容易換位思考的本質，不但贏得一線主管的全力相挺，更讓公司的工作氛圍，有種家的溫度。後天養成的自我覺察力，讓他明白自己在流程與制度面上需要專業協助，藉力使力，故而邀請專業顧問前來協助，並任用目標導向型的主管協同核心管理。

然而，這樣充滿魅力與智慧於一身的他，依然不敵企

業在快速成長下的潛藏踢皮球文化。

我相信在他如此用心的帶領下，員工都知道要「多點體諒」、要「正向思考」、要「為共同目標而努力」，然而為何知道卻做不到呢？

從心裡面給出來的，才能給進心裡面去

其實，這樣「知道，卻做不到」的相似狀態，在多年的教練輔導工作中，不僅存在於職場上，更散佈在生活或學校的角落裡。信念和觀念的角逐戰，我想已經不是一場講座或活動就可以改變這樣長存的深根問題。

當公司的組織程序與控制機制如此嚴謹，依然無法達成所渴望的共識，問題背後的根源，到底是什麼？該如何處理呢？

只有一個方法，回歸最初的本質，看見是否活在對的故事中，重新編寫故事，才能將自己擁有的、渴望的給出去，從根源解決表象現狀。

協助業主深入認識人力資源上受先天本質制約的盤點後，深層為其量身設計適合的長期訓練，協同導入信念建置的常態工程，從靈商的喚起，開始造工。

生命，真的很有意思，只有從心裡面給出來的，才能給進心裡面去。

幸福職場故事2
——不要讓自己這一生就這樣過了

你是不是那個長了翅膀，卻忘了該怎麼飛的那個……你?!

在評量諮商的讀人裡，發現許多人在日復一日的枯燥乏味後，開始想改變自己的生活空間，活出有感呼吸的每個今天。

然而，在每一次帶著心動、攜著期待、面對抉擇時，卻總在最終關鍵，困在自我設限的囚罩裡，導致天賦與潛能無法發揮，害怕也拒絕承諾，順著過去慣性，將「拖延」視為生命主題。

其實，這個「慣性拖延」在不同先天本質的個案身上，都有可能發生，只是啟動及蔓延狀態不同。今天，來探討感覺型的自我設限者。

走在創業路上的感覺型設限者

小晴，45歲，微型企業的小老闆，當初就是因為想讓自己時間自由，所以選擇離開熟悉多年的職場生活，走上創業職涯。

剛開始的她，對新生活充滿熱情，對未來無限憧憬，被夢想喚醒的每一天，總是在熱血沸騰的自我激勵下，不斷地為所有可能奮鬥著。

然而，面臨多元市場的變化與競爭，讓她感受到強烈的力不從心，逐漸失去並忘卻最初的創業動機。

現在，早晨都在痛苦呻吟中按掉鬧鐘，不論昨晚如何告訴並激勵自己，這樣一刻，她只希望多睡一會兒。

在她的臉書版上，看到和家人及朋友的相聚歡笑、盡享美食，會讓人有種致力於身心享受的錯覺。

其實，時間經常用在挽救局勢的她，總是讓自己累得像狗一樣，作繭自縛，困在自己築起牢籠裡的每一天，越來越不敢獨處。用美食及群聚來痲痺，用假像成功來換取他人肯定。

一段時間後，財務狀況越益混亂，總把問題歸咎在運氣或其他原因。出現財務危機時，也容易被快速致富的計畫吸引，卻看不見問題背後的真正問題——從來不做好全盤計畫。

像小晴這樣的微型創業者，有才能，也夢想追尋不平凡的未來。

生命的不平凡，是需要堅強的相信

才能，或許代表著一份「專業」，也代表著必須不停的進修，掌握該領域最新趨勢，花在增進專業技能的時間是份資產。

然而，自我設限的感覺型創業者卻總是設法減少這些練習機會，不喜歡嚴謹的要求，重視質感且享受生活的腳步，容易被身邊的情境與好友影響，偏好工作環境的溫暖，不自覺讓「拖延」成為自己的代表作。

從來沒有意識到之所以成就有限，就是因為沒有系統的投資時間，因為他們要的只是工作上保障自主的承諾。

選擇走自己的路，就要培養自己擁有自闢蹊徑的好習慣，讓自己擁有足夠的技能和自我規範能力，否則很容易墮落。

此外，還要與自我懷疑、墮性、自我限制等種種藉口拉鋸奮戰。

因為期待生命的不平凡，是需要堅強的內在相信，如果屈服於害怕失敗，就會造成自我設限和成就低落，開始「逃避」、限制自己的人生。

不要臨死前才驚覺：一生就這樣過了

逃避……比失敗更危險。

因為，「逃避」能讓人從焦慮中得到解脫，讓拖延成為慣性。

然而，逃避的另外一面，卻是中斷能量和動力，一旦讓「逃避」養成你碰撞與處理問題的潛意識，就會變成你的人格特質，是會不自覺得……不斷重複發生的。

堅持大而化之，忽略細節，追求即時的新鮮樂趣，在某個程度上，等於是侷限了自己的人生。

不要等到臨死前才驚覺：「天啊！我的一生就這樣過了。」

你是自己生命舞台的主角，勇敢跨出彩排區吧！

不要讓逃避的自我設限去框架你的演出，每一天，你都可以自己決定要怎麼活。

幸福職場故事3——我們給出去的，都會再回到我們生命裡

　　惠勒是個魅力四射的女演員，曾經患有高度焦慮症的她，在朋友的鼓舞下，參與了表演工作坊。

　　從剛開始上臺都會心悸難受，認為別人在看她、嘲笑她，到後來已能挑戰自我，自在的運用先天口語與肢體的優勢，在舞台上創造屬於自己的世界。

追求完美的做事規則

　　極度追求完美的她，總會在每次表演前，不僅為自己做足十足十的事前準備，有時連劇組人員沒想到的細節、導演沒思索到的角度，她都能預先設想到，所以很快的，她成為這個工作坊最耀眼的明日之星。

　　生活上要扮演多重角色的她，責任心強、容易操心，只要當下承受過大的壓力，就會猛鑽牛角尖焦慮不已，擔心這件事做不好、那件事做不完，憂心什麼事或什麼人還沒回覆她，往往將自己變得身心俱疲。

　　這個工作坊雖小，卻是改變她人生的起點，從小演員到能導、能授，所以她很容易用放大鏡去看坊內每一個工

作者的一舉一動。

　　隨著與惠勒長達一年的對話，逐步轉化她存在內在那份對他人的慣性批判。

　　這天，來諮商室的她，臉上出現好久不見的愁雲慘霧。

　　「老師，我很擔心我們那個工作坊。怎麼辦？」

　　原來，今年卸下這個坊帶領位置的她，交給宜珍來領導。

要贏不要輸的做人原則

　　「老師，我現在外面演出的機會很多，不想再把心思放到這個工作坊，但是我發現宜珍根本不會帶領，把這個坊帶錯方向，看得我好心痛，我很不想見到，這個坊日漸凋零。」

　　這個坊曾帶給她最開心的時光，但是這一刻卻似乎成了她生命中的痛。

　　「因為宜珍在坊內的資歷比我深，人氣卻比我差，只要我出現，大家都圍著我，她就沒有掌聲，所以她一直在排擠我，同時在別人面前批評我，而且還找人來偷學我的教授方式。」惠勒忿忿的說。

嚴格說，不算偷學，是劇組學員們有技巧的「照」下授課簡報，分享給宜珍看。

　　而惠勒潛藏的焦慮，讓她不自覺都用「贏對手」的指標方式，來追求自己的完美。

　　「這次坊內邀我的課，因為宜珍也講過，我想要有別於她、更勝於她，所以我這兩週花了很多時間、晚上不睡覺，在網路上找靈感，還不斷買很多與主題相關的書籍，目的在讓學員對我留下深刻印象。」

　　果然，那一天授課時，課堂熱度氛圍大進，正想好好大顯身手，想不到，就看到臺下幾個跟宜珍走得較近的學員在照她的簡報，後來她又聽說她們拿給宜珍看，讓她極度不舒服。

　　惠勒說：「這是我講過最不開心的一次課。雖然最後我還是達成我要的表現了。」

　　我同理，點頭，淡淡的笑，順便問她這個「結果」是誰造成的？

　　誰造成了這個結果？

　　惠勒一向很有反思。這次，她卻露出疑惑的眼神看我，不解。

　　我問她：「妳想勝過宜珍，難道她要坐以待斃，讓妳比她出色嗎？如果是妳，妳會坐以待斃讓她勝過妳嗎？是誰一開始，那麼看重位置？是誰帶出勝敗的氛圍？」

「我嗎？」

「不是嗎？如果妳不想比她出色，幹嘛花那麼多時間，偷偷『練功』呢？」我笑笑的輕聲問。

「哈，也對喔。」

看著惠勒再次露出笑容，承認了自己所看不到的盲點，我的心也再次被滿滿的愛包裹著，能量流轉的感覺，真的好舒服。

所有發生在我們外在的，都是自己內在的呈現。

所有我們給出去的，都會再以另一個模式回到我們生命裡，因為我們給別人的，其實，就是給我們自己的。

當我們願意讓狹隘的心態逐一消失，就能釋出更多空間，追尋更美好的生命。

幸福親子故事1——先懂孩子，再懂教

　　每個孩子都有屬於自己的「先天本質」，分為活動量、規律性、反應閾、反應強度、適應性、趨避性、堅持度、注意力分散度及情緒本質。

　　而一個人在「情緒本質」上的思維落點，受「先天本質」的影響遠大於後天環境。

　　到底什麼是「先天本質」的影響？今天就分享一個生活經歷來做說明。

　　在一個陽光燦爛的假日，和孩子同學的家人們，一起在社區早餐店用餐談天。席間，有人分享了他們去金山水尾魚港玩的照片，以及好吃到傷腦筋的生魚片；看著照片似乎就聞到濃濃的海水味，異常動心，擇日不如撞日，一群瘋子立刻決定前進金山。

　　或許因為是臨時的動念，時間沒拿捏好，找路也花了點時間，等到找到海邊，要開始下海玩時，開始下起小雨。

　　同伴裡的一位熱情爸爸，帶頭吆喝著大家淋著小雨、享受在大自然，一群大孩子與小孩子就開始這份難能可貴的玩水體驗；然而，雨越下越大，風也開始大起來了，大夥兒只好停下這不到30分鐘的特別體驗。

轉而前去朋友介紹的日式料理店，享用讓人幸福指數倍升的沙西米，那份入口即化的鮮美，讓大家終能感受到飽滿無憾。

這次的突發旅程，是一份有趣的生命經驗，很有意思的是，孩子們因為沒有大人的成熟度，無法忍耐許多突發與不便，從孩子們不自覺的語言及行為態度，可以看出不一樣的「先天本質」。

「負向思維」的孩子，說話內容控制不了慣性批評。

「完蛋了啦，下雨了！」

「呼，濕搭搭的，好麻煩喔！」

「我不想吃生魚片啦！」表情態度更顯現出許多不悅與消極。

另外一種孩子，就是隨時找樂的「正向思維」。

當我們在找路時，就說：「或許會找到更好玩的地方！」

遇到開始下小雨，就說：「好特別的玩水經驗喔，連上面都會淋水。」

玩不到30分鐘突下大雨，他們仍然樂觀問說：「等一下還有機會再過來玩嗎？」

孩子「先天本質」的不同，決定了親子間的溝通策略，「正向思維」的孩子，人際關係較好，易受師長疼愛，也較同學歡迎；然而「情緒本質」屬於「負向思維」

的孩子不在少數，這些孩子較敏感於環境中的不舒服，無法控制自我感受，總讓父母覺得難搞、困擾。

如果您的孩子是屬於會讓您抓狂的「負向思維」，我得跟您分享，孩子不是故意的，是他的「先天本質」如此，而我們可以做的就是，用「正向發現」去處理孩子的「負向思維」。

意思是說，一個上課愛說話的孩子，未來可能是演說家，只要我們協助他將特點使用在對的位置上；一個對環境敏感的孩子，或許對細節較講究，未來也可能是某個領域的專家，先用「正向發現」去看待，才能開啟溝通的「心」關係。

我們的態度影響孩子的生命發展，我們的選擇不是「要做什麼」而是「該做什麼」，我們不只是看孩子的現在，更重要的是要看孩子的未來！

幸福親子故事2──成功的人，會做失敗的人不願意做的事

「老師，我的孩子已經轉學轉到快沒學校願意收他了，我該怎麼幫他？」

高等學府畢業的美慧，擁有自己連鎖的事業，聰穎而能幹的她，談到兒子小澤的處境，總是迷茫而無力的眼神。

不想盡力的人生起步

小澤是個聰明伶俐、好動活潑的孩子，跳級就讀的好成績，活躍的人際關係，體貼隨和的個性，讓父母以他為傲。

然而，上了國中之後，學習狀況卻每況愈下，念書從來就不是他的終級目標，他也不喜歡這樣的外在壓力，他的標準從表現良好到放棄努力。

「老師，孩子說學校的課程很無聊，讓他很沒勁，所以他不想在學校。他說如果他想要讀、要做，就會做得很好，他只是沒有盡力而已。」

這樣的相似個案，近來承接的比重越來越多，像小澤這樣先天比別人具有天賦的孩子，在面臨成長的課題時，到底哪裡出了問題?!

今天帶領大家從我們的內在思維來做個深度探索吧！

難以改變的「老」習慣

身為萬物之靈的人類，複雜的腦部運作，讓我們致力於了解這世界運作的模式，並習得必要的技能。

從犯錯、模仿，直接的教導和練習中，我們慢慢學習。

我們的監護人把他們對世界的認知和有限的概念和我們分享。

隨著時間的成長，我們的觀念會不斷調整，認知的形成其實是一種信仰的改變。

那麼，我們是透過什麼，建構出對世界的認知呢？

當我們經驗過某種事件或歷程，建構出一種想法或概念後，會進入我們意識的知覺裡。

當它們退出知覺範圍，就會變成潛意識的慣性運作，根深柢固，難以改變。

不過，「難以」不代表「沒辦法」，習慣比本能略勝一籌的是，只要自己能察知並留意，用對方法、持續努

力，就能轉變長久以來的信念。

那麼該如何用對適合自己的方法，要如何啟動這份覺知與轉變？

就得探索到屬於自己與生俱來先天性格的制約影響……

隨和天性的隱形設限

在Stella Chess和Alexander Thomas的「氣質向度學說」與Howard Gardner的「多元智慧論」裡，我們清楚了人的性情和智能是會遺傳，並且是與生俱來的，不論日後你做什麼，它們都是穩定而不易動搖的基準。

多年輔導過程裡，我們發現在慣性貼上設限標籤的成人或孩子身上，都有一個共有現象，就是他們性格都非常隨和，擁有個人風格，很好相處。所以，我們開始研究是否和他們「隨和個性」有關。

專精於人類性情研究的心理學家James Cameron提出：「隨和個性」通常由三種性情因子所組成：高適應力、情緒平穩、積極樂觀的心情。

這樣的性情組合的孩子容易教導，若再加上絕佳的人際關係和內省能力，就會讓父母感到非常自豪。如同前面提到的小澤就是典型的例子。

身為隨和、適應力強的孩子家長，通常和這樣孩子的對話方式是採用間接和柔性，不自覺讓孩子主導自己與家庭的活動中心。

父母的暗示，造就60分人生

孩子覺得自己是誰，就會建構出孩子對世界的認知，也將是自我意識的指標。

父母含蓄性的暗示會間接變成催眠性的建議，成為孩子的人生的態度。

如果你被描述成「隨和」、「樂觀」、「自我」，表示你將來會更「隨和」、「樂觀」、「自我」。

這樣的內在指引過程，會不知不覺的變成你做人處世的態度，你對生命的要求和期望也將隨著這份內在指引而來。

這樣的孩子從小被視作與眾不同，也認定自己很特別，做什麼事都輕鬆容易，所以他們很容易相信自己可以不用努力就可以把事情做好。

個性隨和、社交能力強，通常會得到他人極大的善意、特別的關照。

這種得來容易的成功，加上父母師長的關注與義務的豁免，養成他從學校作業到成人世界的惡習，造成只會取

巧、不想努力的遺憾。

在求學初期充滿熱情，然後在設限緩慢的學習旅程裡，漸漸幻滅，到了青春期，對學校充滿批判。

成功的人，會做失敗的人不願意做的事

優秀的社交技巧，讓孩子可以輕鬆獲得特權，隨和的個性與樂觀的特質，更讓孩子容易在遇到措折轉換跑道，而不是鎖定目標、堅持到底。久之，形成做事態度變幻無常、缺乏耐性。

成功的人，會做失敗的人不願意做的事。要有非凡的成就需要堅持，更需要擁有對挫折的容忍度。

在孩子成長的軌道，是如此，在成人的世界，更是如此。自己的敵人其實就是自己。

先天性格或許主導了我們初期的發展，但它的影響不是絕對的，只要你願意，就可以調整過來。

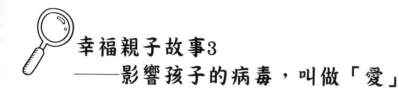

幸福親子故事3
──影響孩子的病毒，叫做「愛」

沒有別的經驗比得上「生兒育女」。

小孩是由一個物質，叫做「愛」，所組織起來的。所以，如果你要對一個人負起完全的責任，學習如何去給予最深的愛和關懷，那你就應該生小孩。

愛孩子是父母的天性，教育孩子卻是一門需要研習的藝術。讓孩子成為健康的全人，我想是每個父母的期盼，然而隨著數位化的虛擬快速搶攻了我們早已枯竭、不再思考的頭腦後，每一天只能被多元資訊漫灑，然後順著原生家庭所帶給我們的內在聲音，讓愛有了條件。

最終，小孩順著父母的期待，學習著怎麼做才會被愛、怎麼做才會在父母面前變得值得，然後當符合愛的條件後，才感受到父母的愛。

然而，在更新後的未來，不但世界的變化變快了，連我們孩子的心像也比過去的我們轉得更多元啦！

到底什麼是我們能給孩子真正需要的「愛」？

最幸福的職業

前些時候在網路上看到一則「人類與上帝的對話」故事，似乎把親子教養的核心問題毫無保留的呈現出來。

人類問上帝：「是誰發明父母這種職業？他們需要有非凡的耐心、愛心和責任心，充足的體力和忍耐力，還要有良好的管理、協調、傾聽，以及理解能力。而且每週工作七天，每天二十四小時隨時待命，不但沒有薪酬，愛心還經常被踐踏，工作時間少則十八年，多則三十、五十年不等，真是辛苦。」

上帝說：「可據我所知，這是你們認為最幸福的職業呀！為了犒賞為人父母的你，我有一款最新的奔騰五八六電腦想送給你，你要嗎？」

人類哈哈大笑：「謝謝你的好意，不過地球都到廿一世紀了，電腦已經升級到四核心了，奔騰五八六早就淘汰掉了。」

「哦，科技發展挺快的。」上帝說。

人類得意的說：「那當然，我們的生活都更新很快的。」

上帝說：「是嗎？那為什麼很多父母在教養孩子的時候，都直接把上一輩裝在他們身上的教養系統，又回裝到孩子身上呢？難道你們的教養系統不用升級，不用適應時

代的發展嗎？」

人類支吾著：「這個……說的也是，但我們從來沒有學過怎麼升級教養系統啊！」

上帝說：「想學，自然就會有辦法的，不過你們都太忙了，只有等問題找上門，你們才會去想。」

是啊！在這個幸福的「父母職業」裡，上天總是透過孩子所發生的狀態或問題，帶領我們邁向愛與智慧的全人捷徑。

這份全然的愛，只有真正的嘗過生兒育女，才會紮實地在最深靈內去解讀、去喜、或去痛。

愛，要如何衡量

近年來在協同的個案裡，看著一份化身成愛的病毒蔓延在關係間，這個病毒，被支配、比較、佔有、嫉妒滋養著，抹殺了我們從原來世界帶來的容納之愛，然後不知道如何快樂的父母，為了要讓孩子享盡人生的快樂，於是，在衡量給愛時，往往會相信當我們對孩子要求越多、期望越高、掌控越滿，能給的未來越具，我們就越負責，越愛孩子。

其實，這所謂的負責與準備，僅僅是恐懼的化身，因為我們有恐懼，才會對另一個個體期望，使我們感到與對

方聯結得更深，使自己感到安全。

　　所以為了讓孩子變得有能力，變成他人口中的優秀和美好，不自覺把孩子變成他們內在安全的要脅物，不是過度掌控、就是全然溺寵，這樣的孩子，當然無法獲得那生命中真正需要的。

　　於是，這個愛的病毒也成為孩子生命爆點，讓他愛的人和愛他的人，傷痕累累。

小智的成長故事

　　小孩是一個敏感的接收器，他在反映著我們，模仿著我們。

　　小智，台灣某國中三年級的學生。不愛念書，經常逃學，和父母師長常有衝突磨擦，是大家眼中的不定時炸彈、問題孩子，甚至讓過去以他為傲的父親近幾一度想要放棄他。

　　然而，翻開小智過往的故事，卻發現不一樣的他。

　　國小的時候，極度聰明，在乎榮譽，幾乎有獎必拿，不僅在學校的成績表現卓越，更是父母親在家庭中的好幫手。貼心又懂事的他，是父親在拼鬥事業之餘，能夠埋在心中的溫暖力量，而且所有認識小智父親的朋友都知道，小智有多麼像他的父親。

小智還有一個哥哥、一個姐姐，從開始有記憶以來，他就記得哥哥和姐姐經常犯錯，也經常被父親修理，然後他會窩在媽媽的懷裡，聽著媽媽說哥哥姐姐哪裡不對、哪裡不好。天性敏銳的他，不但記得父親每一個情緒爆點，甚至也知道該如何做會讓父親開心、讚美，所以在家裡同步扮演著開心果。

在這樣追求完美、害怕被討厭而不敢犯錯的壓抑下，小智無法在人群中享受真正的自在，有時甚至不知道該如何表示他的想法，看似人緣很好的他，其實不懂得要如何交朋友。有那麼一次，因為好奇，他偷拿了同學的東西，結果震驚了全班，老師也把父母請來學校。

他的父親從賓士座車下來，直奔導師室，追求完美的他，承受不住孩子這樣行為背後的異樣眼光，興師問罪般的問老師：「我們家的小智很懂事，我很了解他，一定是你們學校教育出問題，你們做教育的，怎麼把我孩子帶壞掉，現在台灣教育太糟糕了。」

升上國中，小智的學習態度開始變化，學習怠惰，父母仍然將問題慣性的責怪到台灣的教育體制上。

等到國三的現在，孩子的智力與專注力都明顯退化，更不要談到未來競爭力。看見小智的自暴自棄，同時還會將學習或生活責任推卸到他人身上，才徹徹底底讓父母意識到真正的核心問題。

「張老師，我的孩子，真的很聽話，但就是沒興趣念書，不想浪費時間待在教室上課，現在的成績與狀況，讓他沒辦法升學，怎麼辦？」

看著這樣的輔導個案，數量不斷的增加，物質社會化的現代，我們給了孩子什麼樣的愛？給了孩子什麼樣的價值觀？

來自生命典範的愛

一份扭曲的愛，關鍵不在於給愛的多寡，而在於愛的方式、愛的認知。真心給孩子的祝福，不是剝奪處理問題的能力，而是放手；真正給孩子的幸福，不是為孩子負責，而是放下。

民主和放任的一線之隔，不僅是表象的溝通表達，更來自父母本體對生命的覺知。

孩子是被生命喚來的，不是我們的資產，上天讓他們出現在我們的生命裡，僅是要讓我們找到更完整的自己。我們能做的就是引導孩子找到天命，滋養內在源源不絕的正向能量製造力，能成就的，是鍛鍊彼此的心智肌肉。用陪伴的「質」取代「量」，讓彼此享受在生命的「放鬆」與「自由」裡。

只有我們成為超快樂的父母，才能擁有自主、對未來無懼的孩子。

為什麼要「教育」？教育應該是為了彌補安全感吧！

當一個人越強調教育，背後的不安全感越大，教育似乎是種掌控，建立在對未來恐懼的基礎上。

然而我深深相信，萬物需要的不是他我教育，而是自我學習和自我教育。

一個無法清楚自己天命的家長，一個框架在舊有包袱與恐懼的家長，如何讓孩子的未來，活出自己、找到自己?!

其實，當你能看見框架背後的自己，把自己教育好了，孩子只是我們的反映。

隨時盤查自己內心的恐懼，才是教養的開始，我深信給孩子最無為的愛，來自我們的典範，來自我們的勇敢，一個隨時可以創、隨地可以造的真財富。

幸福親子故事4──父母的性格及生活，如何影響孩子的人生

　　一位單親媽媽，將青春歲月都投注在三個孩子身上，獨立撫養他們長大。

　　眼看二個女兒，雖然學校成績與生活表現不算優越，卻也不會造成她的掛心，平凡而乖巧的成長著，即將邁入社會。

　　唯獨剛上高一的小兒子，成天渾渾噩噩，不但課業跟不上同學，就連最簡單的準時上學都有問題，甚至在課堂上，覺得老師上課很沉悶，直接就睡了起來。

　　父母師長軟硬兼施，依然無效。

　　透過「學涯競爭力評量」，發現這個小兒子的先天性格是內向、感覺型，不容易主動將自己想法表達出來，在教養的關係上，需要比一般孩子還要高度的傾聽。

　　為了深入了解問題背後的問題，我們同時採樣了母親的DNA密碼。

　　赫然發現母親擁有極端效率的天性，若再加上她的愛子心切，容易在與小兒子對話上的目標化，造成彼此間的對立與緊張。

經過與孩子的深度對話，清楚他雖然對學校課業暫時不感興趣，但是非常喜愛小肢體的操作，所以在升高中時，就想就讀工業類的職校，然而媽媽硬是要他往商職方向走。

這個單親媽媽跟我說：

「老師，孩子這麼小，不懂得選擇，如果讓他去讀工業類的職校，出來就是做工的。他那沒責任感的老爸，就是一輩子在打零工，自己都養不活，還常常發脾氣，看不順眼就見人就打。當年，我就是受不了，才會離婚。我怎麼能讓這個孩子跟他老爸一樣沒出息呢？」

聽到這裡，終於明白，原來這位單親媽媽把自己的所有遺憾與憤恨，全都轉移到這個小兒子身上，為了不讓孩子越來越像曾經傷害他的前夫，處心積慮地去掌控孩子每一次的選擇。

同時，性格所帶來的天生好強，讓她容易在追求更好的自己時，應用競爭的「結果」來做標準，不自覺將自己婚姻的離異下了失敗的定義。

長期在工作與生活上，追求完美的她，其實無法接受自己在婚姻上的失敗，自然對孩子充滿虧欠。為了不讓孩子未來怨她，也為了證明自己在教養子女上不會跟婚姻一樣失敗，所以就做了這樣「為子女好」的安排。

其實，從小我們都照著父母的理想成長，於是習慣為

孩子下決定。孰不知孩子有屬於他自己獨有的特質，那是他天生的本性，也是他內心的呼喚。

如果我們忽略了孩子的本性，強加地放入我們「為子女好」的生活，那麼孩子天性所蘊涵的潛力也將逐步喪失發揮的空間。

孩子之所以狀況百出，實在是因為他們無法配合自己的天性生活。

在人生的學堂裡，我們都在陌生的摸索中前進，跌跌撞撞間，難免留下缺憾。當進入親密關係裡，會不自覺的渴盼另外一半可以填補那份心靈缺口，有了孩子之後，更不自覺的將填補希望放到孩子身上。

養兒一百歲，長憂九十九……天下父母心。

然而，在這「為子女好」的話語下，不自覺雕塑出來的，到底是孩子真實的模樣？還是家長渴望的型態？真正能讓孩子未來的人生，獲得真實的成功與快樂嗎？

是為自己好？還是，為子女好？

孩子，絕對不可能為我們完成些什麼。

成人的缺憾，往往來自我們的定義，生命的這趟旅程，真的很有意思，透過我們曾經牽過的每一雙手，只為了讓我們……成為更完整的我們。

國家圖書館出版品預行編目資料

解讀藏在手指的關鍵密碼：讓你成為更強大的自
己／張欣微著. --初版.--桃園市：天生贏家教育
機構，2018.9
　　面；　公分.
ISBN　978-986-96815-0-6（平裝）
1.自我實現　2.潛能開發　3.皮紋學
177.2　　　　　　　　　　107012800

解讀藏在手指的關鍵密碼：
讓你成為更強大的自己

作　　者　張欣微
校　　對　張欣微、林金郎
出　　版　天生贏家教育機構
　　　　　338桃園市蘆竹區經國路896號9樓
　　　　　電話：（03）346-1819
設計編印　白象文化事業有限公司
　　　　　專案主編：陳逸儒　經紀人：張輝潭
經銷代理　白象文化事業有限公司
　　　　　402台中市南區美村路二段392號
　　　　　出版、購書專線：（04）2265-2939
　　　　　傳真：（04）2265-1171
印　　刷　基盛印刷工場
初版一刷　2018年9月
定　　價　280元

白象文化
www.ElephantWhite.com.tw

印書小舖
PressStore 出版￫經銷

出版 · 經銷 · 宣傳 · 設計

f 自費出版的領導者　購書 白象文化生活館